オキテを知ればもっと楽しくなる!
愛すべき福岡のために!学べよ県民!

福岡共和国のオキテ100カ条

～焼き鳥はキャベツの上に乗せるべし！～

トコ 監修　月刊九州王国編集部 著

もくじ

「交通」のオキテ

「学校」のオキテ

「祭り」のオキテ

このデータは２０１４年４月現在のものです

福岡共和国のオキテ100カ条

トコさんの「ふくおかコラム」

あるあるネタはまだまだ続く！

福岡の人は福岡のことが大好きですっ

福岡の人は福岡のことが大好きですっ。なので、聞かれなくても、よそに行ったら、出身は福岡です！と、大声でアピールするの。

だって、そう言うとたいてい「へぇ、そうなんだぁ。遊びに行きたいなぁ。おいしいものたくさんあるんでしょ」と興味を持たれるのよ。

その時はもちろん「来て来て、待っとうけん。いつごろかいな？いつならいい？何食べたい？」と、すかさずスケジュール帳も取り出す始末。ほんと、社交辞令は許さんけんね。

だって、一度来てくれたら、気に入ってくれること間違いなし！

やけん。

　とにかく、一人でも多くの人に、福岡を好きになってもらいたい、と、住民は切に思うのでありますっ！！

　知人が来たら、最高の時間を過ごして欲しいので、全力でおもてなしをする。

　ご飯を食べに行っても「わぁ、おいしいー」と何度も言わせたい。さらに会計時には「えっ、こんな値段でいいの？」と驚かせたい。そして、「いいねぇ、福岡」とか「また来たい〜。帰りたくないー」のセリフが聞けたら、生きててよかった、と思うほどだ。

　この《福岡好きになってパワー》は、屋台で隣に座っただけでも、むらむら起こる。

　観光客がおどおどしていたら、おすすめメニューを教えたり、「一杯飲まんね」と、自分のビールをついでやったりもする。さらには注文した料理をおすそ分けしてあげたり、と過剰なサービス精神を発揮しちゃうのよ。翌日の観光ルートまで相談にのる場合もしばしばさ。

あちこち転々としている転勤族が、「福岡は住みやすいね、物価も安いし、自然もあるし、なにより人がいいしね」とつぶやけば、「そうやろーそうやろー」と大きくうなずき、「老後は福岡に住みたい」と言えば、ガッツポーズである。
　とにかく好きになってもらうことに対して、アツイのである。
　この福岡愛は、どうしたものか。トコが昔、大学進学で上京した時、方言が恥ずかしくて、とにかく急いで標準語を覚えたものだった。「この服、買っちゃってさぁ」などと気どって話していた。しかし10年ほど前、息子たちが東京の大学に行ったとき、なんと、福岡弁を貫き通したのである。
「この服、買ったっちゃん、よかろうが」と、江戸で堂々と話しているのを聞き、時代は今、福岡なのだ、と実感したわ。

食べ物、祭り、風習。それぞれ、独特の文化がある。知っていたこともあるが、今回、この本で初めて知ったこともある。でも、まだまだあるあるネタはたくさんあるよ。
　実は、福岡、と書いてきたが。トコは、北九州市若松で生まれ育

ち、この30年は博多に暮らしている。北九州市と福岡市も、かなり違う。さらに、周辺の都市も、個性的なのよ。

　細分化したらきりがないほど、独特の文化や言葉がたくさん残っている。

　今朝もラジオ局で「トコさん、指とかに刺さるトゲをなんと言いますか？」と聞かれたので、「すいばり、だよ」と答えたら。キャアー、と大騒ぎ。「福岡市ではトゲなんです。でも、北九州市と遠賀あたりがどうも、そう呼ぶみたいです。やっぱり違いますねぇ」だってさ、ふんっ。

　同じ福岡県内でも、福岡市ＶＳ北九州市という対立は、いまだに根強い。

　そんなこんなで、あるあるネタは、まだまだ続きますね。

　そして、ユニークな福岡を一人でも多くの人に体験していただき、福岡ファンが増えることをバリ期待しとうけんね。

オキテ 1

初詣は3社に行く、これ超常識。

太宰府天満宮へ向かう車のあまりの交通渋滞に初詣に辿りつけなかった経験は、たいていの人がある。

「三社参り」とよばれ、元旦や三が日の間に、あるいは松の内に、もしくは15日までにと、三社参りのタイムリミットは福岡県内各地により異なる。しかし、福岡の人々は初詣に必ず三つの神社に行くのが慣例だ。「三社参り」の起源は諸説あり、**一説によると地元の神様と先祖代々の神様、出身地の神様の三つの神社を巡ることから始まったといわれている。**福岡ではいつ頃から始まった風習かは正確にわからないが、福岡藩・黒田家も行っていたことから江戸時代には一般的に行われていたようだ。お正月期間中の参拝客数で県内ナンバーワンは太宰府天満宮。学問の神様・菅原道真が祀られている。

そのほか、宮地嶽神社（宗像市）、宗像大社（宗像市）、櫛田神社（福岡市）、筥崎宮（福岡市）、高良大社（久留米市）などが福岡県の初詣の参拝客ランキング上位に入る。

▲お正月期間中の参拝客数で県内ナンバーワンの太宰府天満宮

オキテ 2

結納の時にお茶を贈る。

結納の前に、寿美酒（すみざけ）という儀式もある。使者が、酒一升と鯛一匹を、婚約した家に届ける。壱生壱代添い遂げる、という意味。

福岡では結納の際にお茶（御知家）を贈る風習がある。**「結婚は一度」という意味を込めて、「何度も出ない」番茶を結納品に加えるのだとか。**福岡とお茶は縁が深い。生産地としては福岡県南部の八女市が最大で、日本でも有数の茶どころとして知られている。また、**お茶そのものが日本に入ってきたのは福岡である。**鎌倉時代の僧・栄西が中国より薬として伝え、その時に持ち帰った茶の木の一部は福岡市にある聖福寺に植えられ、今も残っている。栄西は茶の文化を伝えただけでなく「喫茶養生記」という日本で最古の茶の効能を書にまとめた人物。福岡には800年以上も前から、お茶の文化が根付いていたことがわかる。人と人が結びつく結納という大切な儀礼の品の一つとしてお茶があることに何ら不思議はないといえる。

▲栄西が持ち帰った茶の木の一部が植えられたという聖福寺

オキテ
3

玄関の外に猿の土面を飾る。

福岡市内の住宅街を歩くと玄関に直径10センチほどのユニークな猿の土面が飾られている。この猿面は早良区にある猿田彦神社という神社で授与されているもの。**「猿＝去る」に引っ掛けて、魔除けのご利益があるといい、古くから玄関に掲げられるのだ。**年明けの初庚申（1月上旬）に授与されるため、毎年その日には多くの参拝客でにぎわう。博多の家の玄関に飾られるものとして、猿面のほかに「てぼ」という竹で編んだ籠がある。籠の中には砂が入っているが、ただの砂ではない。これも神様の力を借りようという縁起物。この砂は元寇の時に元軍撤退の祈祷をおこなったことで知られる東区の筥崎宮の浜宮の砂。春の社日祭と呼ばれる春分に近い「戌」の日に浜宮で取った砂浜の真砂なのだ（山笠の時にも浜宮は解放される）。無事に帰ることの願をかけ、出かける時に振りかけるのが習わしだ。また田畑にまくと豊作になるとも言われている。

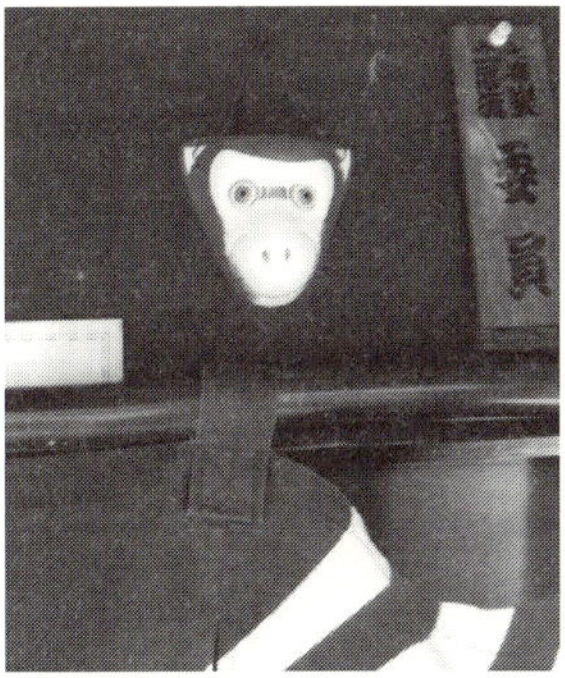

▲昔ながらの風情が残る町屋やお店の軒先で見かけることが多い

オキテ 4

博多手一本の、最後の掛け声は地域によってばらばらだ。

「よーっとさっ」とうちでは言う。

博多ではパーティや飲み会、会合が正式に終了することはないことが多い。実際には終わるのだが、式次第上では〝中締め〟となるだけなのだ。この中締めに欠かせないのが「博多手一本」と呼ばれる慣わし。単純に「手一本」や「手を入れる」などとも言われる。山笠の時にも行われ、**この「手一本」が行われるとすべてが終了する。**文字通り、手打ちとなるのだ。会議で喧々諤々とやっていても、酔って口論になってもリセットされる。まるでラグビーでいうノーサイドのホイッスルのように。作法は両手を肩幅ほどに広げて、手拍子の準備。音頭をとる人の「よ〜」の声でシャンシャンと二回拍手。「まひとつ」の掛け声に続きさらに二回。最後の掛け声のあと、シャシャンシャンと三回拍手する。この三回目の掛け声が発声する人により微妙に違う（山笠の町内の違いなど）。もとは「祝うて、三度」らしいが、「ようさの」や「よーと三度」などある。覚えておこう。

オキテ 5

お盆には「たらわた」を食べる。

夏になると福岡のスーパーやデパ地下にかなりグロテスクな姿の乾物が並び始める。

「たらわた」「たらおさ」「たら胃」などと呼ばれる、鱈の内臓を干したものだ。他地域の人が聞くと「棒タラ」と間違えそうだが、あちらが身なのに対して、こちらは内臓。モツ文化からもわかる通り、福岡県人は内臓系が肉魚問わず、大好きなのだ。

「魚を食べ終わった後」みたいな見た目にも関わらず、結構値段は高い。しかも、調理中の臭いは強烈。数日かけ、水に漬けてふやかしてから調理開始。ふやけた姿も、煮込んで料理になったあとの姿もどちらも**地球外生命体のようにしか見えない**のだが、口に入れてびっくり。こんなに美味しくなってくれるのなら、手間も価格も臭いも我慢しますよ、というくらい美味しい。「盆たら」と呼ぶ地域もあり、福岡の夏の風物詩だ。

オキテ 6

福岡部と博多部の区別は超大事！

中世から「博多」という呼び名はあった。博多織、博多人形などは約800年もの歴史を持つ。**それに比べて、「福岡」という地名が登場したのは約500年前のこと。**福岡藩初代藩主黒田長政が城を築いたときに、郷里岡山の「備前福岡」にちなんでつけた「福岡城」がその所以だ。以来、博多は商人の町として、福岡は武家の町としてそれぞれに歩んできた。

未だに那珂川より西側を福岡人、東側を博多人と自称する人も多い。ちなみに、山笠などは「博多」の祭りなので、本来は博多部以外へ出ることはないのだが、1962年に観光客の誘致などを目的に、「集団山見せ」のみ福岡部でも見ることができるようになった。これは博多にとっては大事件だった。未だにこの行事に限っては神事の一環とはみなされていない。

1889年に福岡市にするか博多市にするかという議論が持ち出され、わずか一票差で福岡市が選ばれたという歴史もある。

▲中洲・那珂川夜景　提供:福岡市

オキテ 7

威嚇しているキョ●ちゃんに出逢ったら、太宰府のお守り「木うそ」だ。

太宰府天満宮の2大お土産といえば、梅が枝餅と木うそだ。木製で作られたギョロッとした目が印象的な木うそは、エピソードを知らなければ魔除けとしか思えない顔立ち。しかしこの怖い顔とは裏腹に、道真公を救ってくれたヒーローなのだ。伝承には諸説あるが、**道真公が太宰府で蜂に襲われた際に、ウソの大群がこれを追い払い助けてくれた**というのが有力な説。現在では毎年1月7日に「替えましょ、替えましょ」と唱えながら暗闇のなかでお互いの木うそを取り換えるという神事が行われている。完全に「面白神事」みたいになっているが、これをすることで、知らず知らずのうちについた嘘を天神様の誠に変えて、幸運を授けてくれるという超有難い神事なのだ。各地の天満宮でもそれぞれ木うそが神具として用いられているようだが、太宰府の特徴は幾重にも巻き上げられた美しい羽。小さいものだと3センチくらいのミニ木うそもあるので、御土産にしても喜ばれる。

▲太宰府天満宮のお土産「木うそ」

オキテ8

田舎の家の玄関にはきじ車がある。

ちょっと郊外の一軒家の玄関でよくみかける、**なんだかよくわからない車輪のついた置物。**「なんの置物だろう？」と幼少のころ思った福岡県人も多いとは思うが、実はあれ、北原白秋の詩に歌われるほどの由緒ただしい玩具なのだ。発祥はみやま市の清水寺だという。野鳥のキジを木で彫ったものに車輪と紐をつけて、野外で牽引して遊ぶのが正しい使い方。「置物」と認識している人も多いと思うが、立派な「玩具」なのだ。ぜひ見つけたら引いて遊んでみてほしい。ちなみに赤と緑のものは雄、赤と黒のものは雌だそう。

オキテ9

一歳の誕生日には餅踏みと道具選び。

福岡では一歳の誕生日に大きな一升（＝一生をかけている）餅を用意し、子どもが健やかに育つことを祈って、**赤ちゃんに草鞋を履かせて餅を踏ませる。**元気に餅を踏む様子が愛らしく、家族みんなで見守るほほえましい行事だ。そして踏み終わると赤ちゃんには次なる仕事が。**筆やそろばん、現金、ものさしなどの道具を並べ、ハイハイでそのどれかを取りに行かせる。**選んだものによって、筆なら芸術家、そろばんなら商売人、現金ならお金持ち、ものさしなら職人といった将来像が見えるのだ。

オキテ10

「行く」と「来る」使い方が逆。

ある福岡人が東京の人の家に招かれたとしよう。約束の時間が近づいてきたので、福岡の人は東京の人に電話で連絡。**「今、〝来る〟ところなのでもう少し待ってて」。**福岡人は何ら違和感を感じないが、県外の人は首をかしげる。**「今から来るけん」→「今から行くから」となる。**

オキテ 11

「いっせーのーせ！」という掛け声を、「さんのーがーはい！」という。

大勢の人間が同時に何かをおこなうときの合図**「いっせーのーせ」が福岡では「さんのーがはい」となる。**じゃんけんのかけ声も違いがあり、「じゃんけん、ぽん！」ではなく、「じゃんけん、し」や「どっこいし！」となる地域もある。しかし、あいこの時は「あいこでしょ」というのが不思議なところだ。

オキテ12

「ごめんけど」から始まるお願いごとは、断ってはいけない。

博多っ子から「ごめんけど…」あるいは「ごめん、お願いがあるっちゃけど…」と話を切り出されたら要注意。その後にはとっても面倒なお願いごとをされるのが明確だからだ。明るく、人当たりがいいが、ややもすればプライドが高く、頑固な気質の博多っ子。そんな博多の人間が、最初からエクスキューズを付けての申し出なので、**よっぽどのことに違いない**（もちろん、お願いする側にとってだが）。よく考えてみると、子どもの頃よく口にした「一生のお願いだから…」というスタイルに似ているような気がするが…。まあ子どものように純真に心からの懇願ととらえると「ごめんけど…」に対してNOは言えないのだ。

オキテ13 カベチョロの他の言い方を知らない。

窓や壁にペタッとはりついたあの爬虫類のことを、福岡では老若男女誰もが「カベチョロ」と呼ぶ。**「壁をチョロチョロしとるけん、カベチョロやろーもん！他に名前なんてあるわけなかろーもん！」**と福岡県人は思っているが、全国的には「ヤモリ」と呼ばれている。「家を守る＝ヤモリ」というネーミングもなかなかなのだが、やはり福岡県人としてはあの動きと形を正確に言い表した名前は「カベチョロ」だと思う。「ヤモリ」と言われると怯む女性も、「カベチョロ」なら許せる気がするから不思議だ。そもそも東京や大阪では彼らの存在そのものを見ることが少ないのだが、福岡は都市部でも結構生息している。家の雨戸を入れるとかなりの確率で戸板から落ちてくるカベチョロに遭遇する。

オキテ 14

北九州では「〜バイ」、「〜タイ」を使わない。

福岡県の二大都市・福岡市と北九州市。同じ福岡でありながら日常的に使われる言葉が大きく違う。例えば、福岡・博多弁では断定の末尾語「〜です」として「〜バイ」「〜タイ」をよく使う。これは佐賀、長崎、熊本などでも使われるベーシックな九州ことばといえる。**しかし、同じ福岡でも北九州はまったく使わない。**北九州地方の人が断定の末尾語「〜です」として使うのは「〜っちゃ」。ほかにも違いはある。「何してるの」であれば、**「何しよーと？」が福岡で、「何しよん？」が北九州。**

この言葉の違いの歴史は中世以前までさかのぼるそうだ。九州が筑前、筑後、豊前、豊後、肥前、肥後という文化圏に分かれていた時代。福岡市は筑前であり、北九州は大分地方と同じ豊前エリアにあたる。福岡と北九州の人々はその当時の方言をそのまま数百年以上受け継いでいるため、今も言葉の基本が違うのだ。

▲北九州市小倉駅前　提供：北九州市

オキテ 15

「原」は「ハラ」じゃなく「ハル」と読む。

「前原（まえばる）」「長者原（ちょうじゃばる）」「新田原（しんでんばる）」「原田（はるだ）」など**福岡には原と書いてハルと読ませる場所が多い。**よその土地から来た人はなかなかスッと読むことができないようだ。

一説によれば「原」と書いてハルと読むのではなく「ハル」という呼び名に「原」の文字を当てたとする説も。古代から中国や朝鮮半島と行き来があった福岡には渡来人も多く、朝鮮半島のことばで原（ボル）や集落（マウル）がなまって「ハル」になったのではないかと言われている。

また、「原（ハル）」のつく地域は水田での稲作が盛んな土地が多い。そのため開墾し、畦を設けるといった意味を持つ「墾る（ハル）」から名付けられたとする説も。どちらが語源にしても、アジアの玄関口であり、豊かな耕作地がある福岡ならではの地名なのだ。

▲西鉄天神大牟田線「春日原」駅。読み方は「かすがばる」

オキテ 16

とっとっとって
いうとったと。

女性のキラーフレーズ「すいとーと」はまず覚えておきたい。
語尾が平板なら、好きです。
語尾が上がれば、私の事好きなの?という問いかけ。
これを言われてクラッとこない男性はいない。

「これ、とっとーと?」「とっとーと」というのは有名な博多弁フレーズ。キオスクで「とっとーと。」というお菓子まで売られ始めているくらい、福岡を代表するフレーズだ。「ばい」とか「くさ」といった、往年の方言は少しずつ聞くことが少なくなってきているが、この「と」に関しては全く廃れる気配がない。文中、語尾、ところ構わず「と」が出現しまくるのだ。表題の文章は「取っていると言ってたよ」という意。文字にすると改めて「と」の数の多さにびびるが、会話になると至極自然に発話できる。この「と」を上手く使うことができるようになれば、とりあえず福岡方言は半分くらい制覇できたと言えよう。

これ、とっとーと?

これ、取ってるの?

とっとっとっていうとったと。

取っていると言ってたよ。

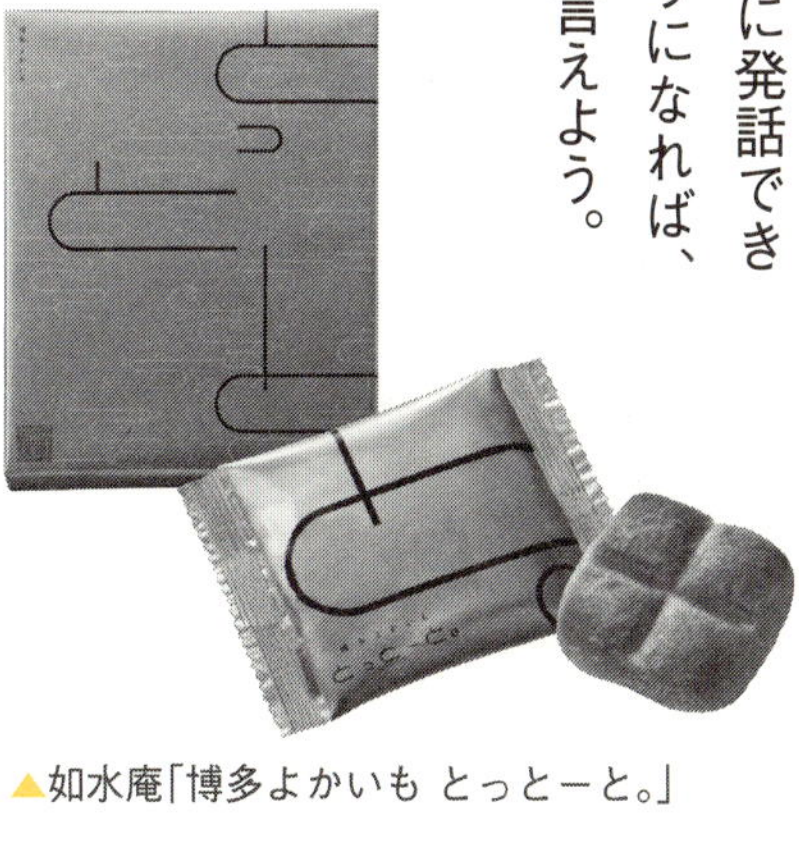

▲如水庵「博多よかいも とっとーと。」

オキテ17

「離合」という単語が辞書に載っている意味と違ってびっくり。

一本の道を対面の２台の車がすれ違う「離合」。特に狭い道路を行き違う際に「離合できるかな」と日常的に使われるこの単語は、いかにも日本全国で通じそうだが、**実は福岡をはじめ九州や西日本の一部でしか通用しない。**

「離合」を辞書で引くと〝離れたり、合わさったりすること〟で『政策の違いにより●●政党内で党派が離合する』などというのが一般的な正しい使い方なのだ。どうして車がすれ違う場面で使われるようになったか、詳しくは不明。ただし「離合」は鉄道用語でも用いられていて、上りと下りの列車が信号や駅で行き交うことを離合というそうだ。ここから転じて車の行き交いにも使われるようになったと考えれば、何となく理解できる。

それっぽく聞こえるので、つい口に出るが、東京など本州の人々には全く意味が伝わらないので、ご注意を。

▲離合の図

オキテ18

若者の返事は「あーね」年配は「よかよ」。

Yes? No?

「明日はお弁当いるの?」「あーね↑」(イエス)。「明日はお弁当いるの?」「あーね↓」(ノー)。と語尾の上げ下げによってイエスかノーが変わる。「あーそうね」が語源なのだろうか。中高生以下を中心に使われているのだが、年配世代にはちょっと理解しづらい文化なのかも知れない。

しかし、そんな年配世代にも同じように便利な福岡のことばがある。それは「よかよ」。これもイエスとノーのどちらにも使えるマジックワードだ。**「これ、いる?」「よかよ(=いいえ)」「じゃあもらってもいい?」「よかよ(=はい)」**と、標準語だと真逆になる返事を同じ言葉で表すことができる。これに「か」を追加して「よかよか」になるとさらに意味合いが深まり「気にしなくていいよ」というニュアンスまで表せるようになる。「よか」語文化がベースにあったからこそ「あーね」は根付いたのかも知れない。

▲「よかよ」を使った会話例

オキテ19

「ちかっぱ、しゃーーしい」＝ものすごくうっとうしい

「ちかっぱ」は「力一杯」からきている博多のことば。「とても」の意味を持つ。「しゃーしい」はうっとうしい、うるさいという意。「せわしい」がなまったものだ。同じ意味で「せからしい」も。「さしすせそ」のそれぞれの後に「ゃ」が入るのが博多弁の特徴。西鉄バスの渡辺通一丁目の停留所前になると「シャンシェルコショッピングシェンター前（＝サンセルコショッピングセンター前）〜」と年配の運転手さんなら言うはずなので、耳をそばだててほしい。

「だ行」が「ら行」に変換されることも。博多の有名なうどん屋に『かろのうろん』という店があるが、これは「角のうどん」がなまったもの。また本来はオ段のはずの命令形の動詞がエ段で終わることがある。「食べろ→食べれ」、「開けろ→開けれ」など。また他人になにか行動を促すときにはイ段。「食べな→食べり」、「開けな→開けり」といった具合。独自の言語体系を使いこなしているのだ。

▲かろのうろん

オキテ 20

なるほどですね、と言ったら福岡人決定。

「便利がいい」もよく使うな。

なるほどですね。
なるほどデスネ。
なるほどですね〜

目上の相手の申し出に相づちを打つときに思わず出る「なるほどですね」。福岡のかなりできるビジネスマンも仕事上使うことは多いはず。しかし、この「なるほど」＋「ですね」は全国的には非常に不思議で笑えるキーワードなのだそうだ。**「なるほど」だけでなく、福岡人は「ですね」好き。**極端な例でいうなら「あのですね、昨日ですね、私が食事してたらですね、目の前で自動車事故があって、びっくりしたですもんね」「なるほどですね～」といった具合。**この「ですね」を付ける傾向は対県外人の時に特に強く発揮される。**標準語風に話しながら、目上の人には敬意を示さなければという気持ちがそうさせるのかも知れない。上場企業の社長やホテルのコンシェルジュ、レストランのソムリエなどが「なるほどですね」を乱発する姿は県外の人にはたまらなく面白いらしいのだとか。なるほどですね～。

▲福岡市天神

オキテ 21

「稲荷町」は「いなり」でなく「とうか」「京都郡」は「きょうと」でなく「みやこ」。

「野方」は「のかた」。「雑餉隈」は「ざっしょのくま」。クイズな様な地名が多い。

「稲荷町」といえば、全国的には東京の地下鉄銀座線にある「いなりちょうえき」を思い起こすだろう。稲荷ずし、稲荷神社…と日本人にとっては馴染みある単語なので、「稲荷」を読めない人は少ないはずだ。さらに、古都「京都」を読めない日本人もあまりいないだろう。場合によっては外国人観光客ですら、認識できる唯一の漢字が「京都＝きょうと」かもしれない。

ところが。**福岡に来るとその常識は捨てなければならない。**どちらも地名だが、「稲荷町」と「京都郡」が県内に存在している。前者は「とうかまち」、後者は「みやこぐん」だ。

しかも前者、大牟田市稲荷町には稲荷神社という名の神社もあるが、これもちろん「とうか」神社と読む。「京都郡」のほうは、その読みの通り由緒正しい謂れがあり、**景行天皇の時代、熊襲征伐のため天皇みずからがこの地に入り、行宮を設けたことから「みやこ」と呼ばれるようになった**のだとか。福岡の地名は先入観を持たずに読まなくてはいけない。

オキテ 22

ちゃんぽんばっかふくな！

これは九州外の人には二重にわかりにくい方言だ。まず「ちゃんぽん＝長崎名物のあの麺」だと思ってはいけない。硝子で作られた、吹くと音が出る玩具のことを「ちゃんぽん」と呼ぶ（他地域では「ビードロ」と呼ばれるアレだ）。なぜなら吹いて出る音が「チャンポオン」と聞こえるから。ペコンとかポコンという音に聞こえる気がするのだが、どうやら福岡の人には「チャンポン」と聞こえるらしい。それに加えて、筑後に南下するとこの**「ちゃんぽんをふく」というのが無駄話をする、という意で使われる。**よって、「ちゃんぽんばっかふくな！」というのは、ちゃんぽん麺を食べるなという意味でも、ビードロを鳴らすなという意味でもなく、**「無駄話をするな！」という意になる。**

もうひとつ、傘などが風にあおられて逆向きになる状態も「ちゃんぽん」という。「傘がちゃんぽんになっとらす」。まさか「ちゃんぽん」にこんなに多様な解釈があるとは驚きだ。

▲筥崎宮 放生会の名物「ちゃんぽん」

オキテ23

絆創膏は「リバテープ」。

貼りぐすりをすべて「サロンパス」と呼んでいたが、関東に行き「トクホン」と言われたときはたまげた。

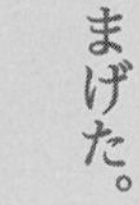

ご当地あるあるで必ずといっていいほど出る話題が、絆創膏を何と呼ぶか。

バンドエイド、サビオ、カットバン、キズバン…とさまざまあるが、福岡の人に一番馴染み深いのは「リバテープ」だ。カットバンやバンドエイドに比べ、リバテープは全国での知名度が極端に低く、九州内でのみの認知度のため、本州に行って戸惑ったという人も少なくない。実は、西南戦争を創業のルーツにもつ、**熊本の老舗メーカー「リバテープ製薬」**の商品であるため、商圏のほとんどは熊本と福岡。一部、大分や宮崎でも認識されているが、この2県の「リバテープ」使用率が高い。ちなみに全国的にも認知度が高い**「カットバン」は佐賀の祐徳薬品工業**のもので、佐賀県や長崎県ではほとんど「カットバン」と呼んでいるらしい。絆創膏を「リバテープ」と言った人は、ほぼ福岡県人か熊本県人に絞られるのだ。

▲リバテープ製薬の「リバテープ」

オキテ 24

明太子は常備していない。

東京に行くと、豚骨ラーメンのトッピング「めんたい」などとあり、福岡県人は目を丸くする。

めんたいを乗せてラーメンを食べたことはない。

全ての福岡県人の家の冷蔵庫に、明太子は常備されていない（福岡名物と名高いおきゅうとも然り）。

毎朝食、明太子を食べていると思われがちだが、明太子は市井の民にとってやはり高級品であることは間違いない事実である。よって、もちろんたまには食べるが、**常に冷蔵庫に入っている代物ではない。**しかし、「明太子製品」であれば、自宅にかならず一つはストックしているはずだ。明太フランス、明太マヨネーズ、明太せんべい…あたりは、明太子レベル初心者。

いわし明太、手羽先明太、明太蒲鉾などは中級者。上級者になると、明太チョコに明太こんにゃくなど、**とにかく何にでも明太子がインする事態になる。**

辛子明太子の生みの親と言われる「ふくや」が制定している明太子の日は1月10日だ。

そして明太子は腹子のみならず、乾燥明太子や薫製、粒明太子など、現在はその形状もさまざまに発展している。

オキテ25

福岡の餃子は鉄なべが基本。

「餃子といえば？」「宇都宮！」と答えるのは、関東の皆さんであって、福岡県民は餃子を福岡の名物だと思っている。

特に**丸い鉄なべと呼ばれる鉄板の上に、親指大の小さい餃子がかわいく円形に並べられている**姿は、郷愁の念すら呼び起こすもの。県外に出ている人は、この餃子を食べると福岡に帰ってきた気がするとまで言う人もいる。

表面をパリパリに焼かれた一口餃子は、熱々を一口で食べられるのが魅力。なかでも有名な**「博多祇園鉄なべ」**などだと、2名で店に入った瞬間に「4人前いっとく？」と店員さんに勧められる。一人2人前超が通常の頼み方なのだ。すきまなく敷き詰められた鉄なべ餃子を前に、ビールで乾杯、が福岡流儀だ。

▲博多祇園鉄なべ

オキテ 26

焼き鳥屋のネタが鶏肉だけじゃない。

豚バラで始まり、焼鳥屋なのに鳥を食べないこともある。

東京からの出張客が福岡の焼鳥屋に行くと驚くという。「豚、牛、モツ…で、鳥は⁉」と。そのくらい、**福岡の焼き鳥屋には「鳥」以外のメニューが多い。**豚バラは間違いなくどの店にもあるだろう。それ以外にも**牛タン、豚足、モツ、ゲソ、シシャモ…**とかなりさまざまな「鶏以外」が揃っている。**えのき巻とか、アスパラ巻**といった、野菜を豚肉で巻いた串も大人気。

人口1万人あたりの焼鳥店の数が日本一多いと言われる久留米では、**ダルム**というメニューが必ずといっていいほどある。ダルムとは、豚の小腸のこと。医師の町、久留米では内臓の部位を医者らしくドイツ語で言うのだ。心臓はハツじゃなくて、ヘルツ。焼鳥屋でドイツ語が飛び交うなんて、なんだかアカデミックだ。

▲「鳥」以外のメニューが多い福岡県の焼き鳥屋

オキテ 27

焼き鳥の皿には必ずキャベツ。キャベツのタレもスーパーでは常備。

キャベツのたれで、自宅でキャベツ食べても、そんなに進まない。やっぱり、焼き鳥屋さんで食べるから、キャベツはうまいのだ。

オキテ 27 焼き鳥の皿には必ずキャベツ。キャベツのタレもスーパーでは常備。

そして福岡の焼き鳥屋では、**まずざく切りのキャベツが全員に配られる。**テーブルの上に置かれたタレをかけて、焼き鳥が運ばれてくるまでの間に食べる…と思ったら大間違いだ。**焼かれた焼き鳥が、その上に乗せられるための「焼き鳥置き場」になるのだ。**これは鶏以外のさまざまなメニューがある福岡の焼き鳥ならではの食べ方。豚バラなどの脂の多い串もキャベツと一緒に食べることでさっぱり味わえるし、味噌さがりなど濃い味の串のタレがキャベツに付くと、それはまたそれで美味しい。キャベツにも串にも、一石二鳥なのだ。このサービスを始めたのは博多座となりにある創業半世紀の「天下の焼鳥　信秀本店」の大将、安岡英雄さん。豚足の骨を外した「美人串」などのオリジナルの串も、キャベツにピッタリだ。安岡さんが考案したキャベツとそのタレだが、今では福岡全土に広がり、スーパーでは「キャベツのタレ」が売り出されるほど。一般家庭の冷蔵庫にもキャベツのタレは常備されている。

▲「天下の焼鳥　信秀本店」の大将、安岡英雄さん

オキテ 28

焼き鳥屋に武将の名前がついている

「家康」「信秀」「信長」…と福岡には、武将の名前が付いた焼き鳥店が多い。これら以外にも、「本陣」「初陣」「ひげ将軍」など、戦国時代をイメージさせる店名がずらり。「長政」などはまあ、わかる。福岡藩初代藩主・黒田長政に由来しているのだろう。しかし北九州方面に行くと、「謙信」「信玄」とあり、もはや地元でもなんでもない、**縁もゆかりもなさそうな武将名を堂々と看板に掲げている。**なぜだろうか?焼き鳥激戦地、福岡で「天下を取りたい」という気持ちから名づけた、という説もあるが、天下をとってない武将の名前を冠したケースもあり、謎は深まるばかりだ。

オキテ29

サントリーオールドを「たぬき」「ダルマ」と呼ぶ。

サントリー「オールド」は、1950年の発売以来、半世紀以上のロングセラーである国産ウイスキーの名ブランドだ。全国的には独特な丸い瓶の形状から**「ダルマ」**の愛称で呼ばれてきた。しかし、なぜだか福岡では**「たぬき」**と呼ぶのが主流だ。一説によると信楽焼のたぬきの様子に似ていることから「たぬき」になったそうだ。ちなみに、高度成長期に福岡のサントリーの営業マンはオールドのキャンペーンの時には信楽焼のたぬきの置物や楊枝入れなどをお店に配って普及に務めたそうだ。最近では本物のたぬきを見ることは少なくなったが、オールドの「たぬき」は中洲や天神の飲食店ではまだまだ元気に生息中だ。

オキテ30

北九州の屋台ではお酒が出ない。代わりにおはぎが出る。

小倉の屋台はアルコールがないので、家族連れでご飯を食べにおとずれる場所。大きな容器で持ち帰りを注文する人も多い。おでんの種類は、50種類以上ある。

夕方になると街のあちこちに屋台が出るのは博多だけではない。福岡第二の都市、北九州・小倉にも屋台は出る。博多のように、焼き鳥、天ぷら、居酒屋メニューなど多彩な料理が出るわけではないが、小倉城に程近い場所に並ぶ屋台ではしっかりとダシのしみたおでんを出してくれる。大根、あつあげはもちろん、春菊やタコなど日本酒やビールにぴったりなのだが、なぜだか**小倉の屋台ではアルコール類が提供されない（ただし、持ち込みはＯＫ）。その代わりに、カウンターのガラスケースに整然と並べられたおはぎがある。**初めてのれんをくぐった人の目には非常に不思議な光景に映るはず（**決して博多の屋台では出会えない。**小倉っ子は逆に博多の屋台におはぎがないことに驚くらしい）。小倉では一杯飲んだあとの締めに、屋台でおでんとおはぎを食べるというのが正しい夜の過ごし方の一つだ。おはぎはテイクアウトも可能。

▲北九州市の屋台

オキテ 31

本気で噛んだら歯が折れるパンがある。

かたぱんで差し歯が取れた人は数知れず。慎重に食べていただきたい。商品名は「くろがね堅パン」である。

その名も「カタパン」といってても肩をパンチするのではない。北九州市のスーパーを中心に売られている「くろがね　堅パン」は**歯がたたないほど硬い。**その始まりは幕末から明治に開発された軍隊の携行食であった。長期保存が可能なように水分が極めて低い。その後、八幡製鉄所で働く工員のための栄養補給を目的に販売されたことから、一般にも知られるようになる。**北九州ではメジャーなおやつで、子どもたちは小さな頃から食べている。**あごを使ってよく噛むため、頭の良い子どもになるとかならないとか。初心者は、その堅さにたかをくくらず、まずは二割程度の歯の力で堅パンの実力を知ることをおすすめする。ゆっくりと唾液で表面を溶かしながら食べるのが正解だ。初めて食べる人は必ず、その堅さに驚き、さまざまなリアクションをとってしまう。なので、他の地域へのお土産として渡して相手の反応を見てほくそ笑むいたずら好きな北九州人もいるそうだ。

▲北九州市のスーパーを中心に売られている「くろがね 堅パン」。初心者は差し歯にご注意

オキテ
32

おでんには手羽先を入れる。

鶏肉は「かしわ」と呼ぶ。
市場には精肉店ならぬ、鶏肉専門の鶏肉店が今もある。
もちろんお雑煮にもかしわが入る。

おでんと言うのは、意外と地域性が出る食べ物だ。有名なところで言えば静岡の黒はんぺんや、北陸のくるま麸など、その地域ならではの具材も多い。九州でいうと、熊本は馬すじを、鹿児島はつきあげを入れるというのが「ご当地おでんあるある」だが、**福岡県はなんといっても手羽先だろう。**前述の焼き鳥の項でも述べたが、福岡県人はとにかく鶏が大好き。**1世帯あたりの年間の鶏肉消費量が全国1位**になっていることからもわかる通り、とにかく何の料理でも鶏肉がなくちゃダメなのだ。ということで、おでんにも手羽先。鶏肉が入る。がめ煮にも鶏肉は欠かせないし、かしわめしは大人気だし、冬になると水炊きは外せないし…と、鶏肉はオールシーズン福岡でひっぱりだこだ。

▲県内で買える手羽先

▲水たき元祖 水月の「水たき」

オキテ 33

冬はカキ小屋に出かける。

カキを焼くコツは、汁がこぼれないように上下を間違えないこと。
油断していたら、バーンとカキがはじけて大惨事となる。
糸島方面のカキ小屋に行くために、アルコールが飲めない友人は、
この時期、運転手役として引っ張りだこだ。

11月から3月の間のランチアクティビティといえば、やはりカキ小屋だ。寒くなり始めると、糸島など海沿いの町にカキ小屋テントが並び始める。**船越や岐志など漁港周りは、さながらカキ小屋祭りといった様相で、週末になれば大行列ができることもしばしば。**

1キロ1000円くらいの牡蠣を炭火で網焼きする、というそれだけなのだが、年々各店趣向を凝らすようになってきており、みそ汁がタダだったり、うに丼がサイドメニューに出てきたりと、さらに楽しさが増している。基本的には飲み物等は持ち込み自由。常連たちはレモンやチーズなど、お好みのトッピングを持参して「マイ牡蠣焼」を作る人も多い。

最近では、天神など市街地でもカキ小屋ができるようになってきているが、やはり冬の潮風を感じながらのカキ小屋こそが、ダイナミズムのようにも思える。

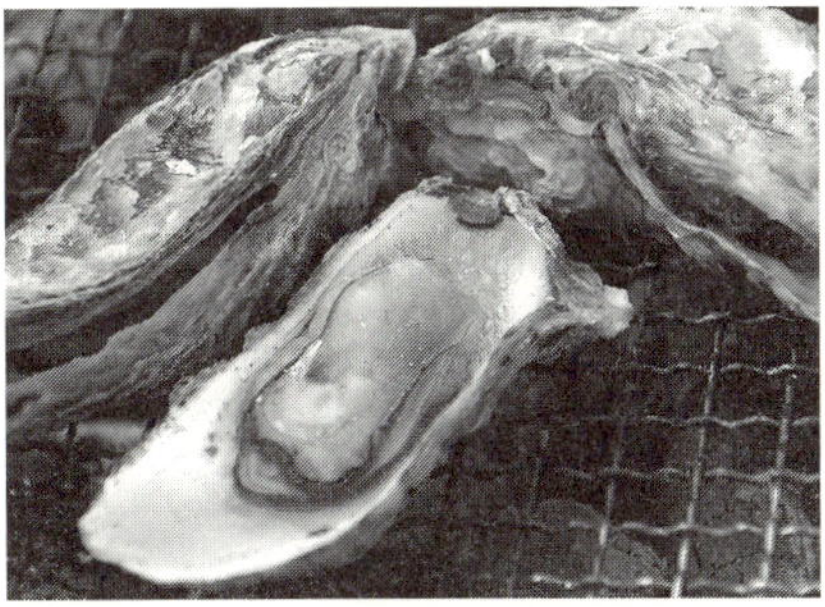

▲ドリンク持ち込み可のところが多いので、ビールや日本酒、焼酎とお好みのものを持ちこもう

オキテ 34

「美味しいラーメン屋は？」と聞くと必ず家の近所のラーメン屋を言う。

観光客に有名なお店の名前を言うのは、「負け」だと思っているし。

福岡県人同士の会話で「美味しいラーメン屋ってどこ？」という話題は意外にもあまり上がらない。なぜなら皆それぞれ、自分の「行きつけ」を持っているからであり、それを人に強要する気もないからだ。有名店と聞くと遠くまで車を走らせてラーメンを食べに行く…なんてのは、東京の人がすることで、**福岡県人は家の近所に必ず一軒、好きなラーメン屋を持っている。**もうそれだけで十分なのだ。ラーメンというのは、気軽に小腹を満たせる「相棒」的存在で、一般的な福岡県人にとって、決してわざわざ予約したり、行列に並んだり、県外まで車を走らせる存在ではない。なので**「美味しいラーメン屋は？」と聞くと、東区の人は東区の店を挙げ、西区の人は西区の店を挙げることが多い。**

ただし、豚骨王国であることは間違いなく、塩や味噌ラーメン好きの人などは苦労するだろう。ほとんど店がないばかりか、あっても豚骨のサイドメニュー的に存在するだけなので、豚骨の香り漂うなかで塩ラーメンを食べるはめになる。昨今、醤油ラーメンだけは少しずつ増えてきているので、今後情勢が変わることも考えられる。

オキテ 35

正直、ラーメンは500円までだと思う。

ラーメンは食事ではないと思っている。
一食にカウントされないから、
1000円近くは、たぶん払いたくないのだ。

東京に行くと、「ラーメン980円」とか平気で書いてあることに驚く。福岡でも、一部の高級ラーメン店（大抵観光客に人気のきれいなお店）は800円なんて値が付いていることもあるが、近所のいつも行くラーメン屋は**480円**程度だ。場合によっては**380円**もある。もっといくと、**280円のチェーン店もあるし、極めつけは100円ラーメンだってある。**（残念ながら2014年、惜しまれつつ閉店…。）基本、**ラーメンって500円までくらいやろ？**というのが福岡県人の正直な金銭感覚だ。しかし、入店すると黙っていても1分以内でラーメンが出てくることで有名な「元祖長浜屋」も、最近一杯400円から、500円に値上がりした（2014年現在）。有名店になれば値上げも余儀なくされるのかもしれない。

オキテ 36

ナマ、ハリガネ、バリカタ、これ全部ラーメン注文時の呪文。

麺の硬さは、男らしさと比例する、と思う。
なのでより硬い方向へと進んでいる。
柔を注文したら、男を卒業したってことさ。
気になるのは最近、女性がカタをどんどん頼んでいるってことだ。

ラーメンに関しては、麺の硬さにものすごくこだわりがあるのも福岡県人。数秒の茹で時間の差を、細かく細分化して表現する。**全く茹でないのは「ナマ」「コナオトシ」。**硬ければ硬いほど男らしい、みたいな文化が無きにしも非ずだが、誰もがナマを好きなわけではない。むしろナマを好む人のほうが少数派だと思う。しかしその次の段階**「ハリガネ」「バリカタ」**になるとぐんと注文率が上がる。長浜ラーメンは麺が細いので、ハリガネであっても、食べている間に程よく「カタ」程度になるからだろう。ここまでは全て、麺が細い長浜の話。久留米など太い麺地域では、「カタ」が主流だ。もちろん「普通」も多いが、**「ヤワ」はほとんど選ばれない。**基本的には硬い麺がラーメンに関してだけは、好まれる。

真逆の好みが現れるうどんに関しては、この次に記述しよう。

▲久留米など太い麺地域では、「カタ」が主流

オキテ 37

ラーメンも好きだが、実はうどんも好き。

うどんといえば、注文のほとんどは、ごぼう天うどんだ。
なので各店、ごぼう天で趣向を凝らしている。
すりこぎのように太いごぼう天や、
フリスビーのように大きなごぼう天など、食べ比べが楽しい。

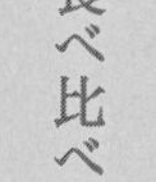

これは県外の人には意外に映るそうだが、福岡県人はうどんが大好きだ。それも讃岐のようなコシのあるうどんはダメ。唇で挟めば切れるくらいの、**ヤワヤワフニャフニャ**のうどんが大好きなのだ。大人気ヤワヤワうどんといえば、福岡県人のソウルフード「牧のうどん」。初めて入った人は、テーブルに置かれたヤカンに驚くだろう。何のためのヤカンかというと、中にうどんダシが入っている。ヤワヤワの麺が食べている間にさらに汁を吸ってフニャフニャになるので、吸われたダシを注ぎ足すためのヤカンなのだ。食べ終わるころになると、麺はダシを吸って3倍くらいに膨らみ、フニャフニャを通り越してフワフワになっている。観光客の皆さんはぜひこの異文化体験をしてみてほしい。ラーメンはあんなにも「バリカタ」にこだわるくせに、なぜうどんに食感を求めないのか、不思議だ。

そして、うどん屋で欠かせないのは「かしわおにぎり」。おにぎりやいなりではなく、福岡県のうどん屋で添え物になっているのはほぼかしわおにぎりだ。ちなみに運動会のお弁当でもかしわおにぎり率が高い。一部、北九州発祥の人気うどん店では「ぼた餅」が添え物となる。

ラーメン同様、うどんにも替え玉があるのは福岡らしい。

オキテ 38

新酒の時期には蔵びらきに出かける。

基本、新し物好きなので、日本酒も「新」とつけば飲まずにはいられないのだ。

福岡は日本有数の酒どころであり、蔵元の数も全国で五本の指に入るほど。焼酎のイメージが強い九州のなかで、福岡県は完全に日本酒びいきの県だ。**1月末から3月末までの3か月間には、県内各蔵で新酒を祝う「蔵開き」が行われており、日本酒好きにとっては最高のシーズンとなる。**とにかく昼間から新酒を飲みまくるという祭りが、各地で行われるのだ。酒蔵密集度が全国2位の久留米市では（1位は兵庫県西宮市）、この時期になると複数の蔵が共同で蔵開きの祭りを行い、臨時列車が出るほどにぎわう。100円～300円くらいでプチプチの新酒を味わうことができ、郷土料理などの露店も出るとなれば、冬の最高の休日だ。

お隣の佐賀県も日本酒びいきの県なので、越境して佐賀まで蔵開きに出かけるツワモノも多数。

▲うきは市「いそのさわ」の蔵開きの様子

オキテ 39

江戸前ではなく、「博多前」がある。

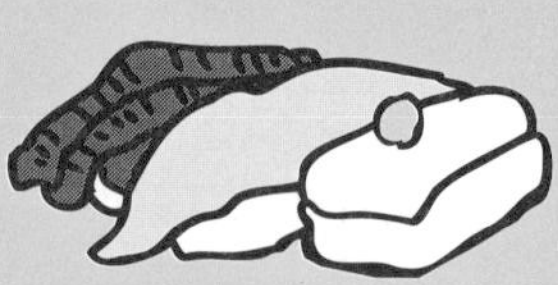

福岡の寿司屋には二タイプあると言われている。いわゆる東京と同じスタイルの江戸前と、「酒呑みに喜ばれる」博多前だ。**博多前とは、お酒のつまみとなる小鉢や料理が一通りでたあとに、最後に締めの握りが出るというスタイル。**「寿司割烹」というカテゴリーを確立した「河庄」をはじめ、「やま中」など、福岡の名店の多くがこの博多前スタイルといえよう。寿司に至る前のつまみがそれぞれに美味しくて、握りの前にベロンベロンということもなきにしもあらず。「博多前」に慣れていない方は、ぜひ最後の握り分の胃の空白を作ったうえで、お酒を楽しもう。

ちなみに福岡人はマグロが大好きだという関東人にも、執拗に白身かヒカリモノを勧めてくるので、こちらも注意してほしい。近海魚が好きだという県民性も、海の幸が豊富な玄界灘のおかげだろうか。

▲すし割烹 やま中

▲河庄

オキテ
40

「ごまさば」は魚の種類じゃなくて、料理名。

「さばを刺身で食べられるなんて！」「すごくおいしい」と喜んでくれたら、おごっちゃうよ、くらいうれしくなるのが福岡県民。自宅では、ごまさばを茶づけにして食べる。

一般的に「ゴマサバ」と関東等で呼ばれる種類の魚は、福岡では「ドンサバ」と呼ばれる。マサバなどと近いサバの一種だが、福岡で「ごまさば」といえば、これを指すわけではないので注意が必要だ。

サバの刺身を醤油やゴマなどさまざまな薬味とともに漬けにした郷土料理を「ごまさば」と言う。漢字にすると「胡麻鯖」。福岡、特に博多の人はこの料理が大好きだ。玄界灘で新鮮なサバが獲れる福岡だからこそ可能になる郷土料理なので、「新鮮な海の幸が豊富なこと」を自慢したい福岡人は、蘊蓄を携えて県外の人をもてなすときによく頼む。と言いつつも、そのまま食べてよし、丼にしてよし、茶漬けにしてよし、と三拍子そろった手頃な料理なので、日常的にもよく食べる。決して観光客相手のみのメニューではないのだ。

面白いのは、この「ごまさば」に使われるのは「マサバ」だということ。もうややこしいことこの上ないが、「ゴマサバ」を使って「ごまさば」を作ることは稀なので、こんな蘊蓄もさらに加えておくといい。

▲郷土料理「ごまさば」

オキテ 41

「マンハッタン」といえば、もちろんドーナツのこと！

いまでもときどき食べるマンハッタン。しかしかなりの高カロリーである。ヤキリンゴは、冷蔵庫で冷やして食べるとおいしい。

マンハッタンと聞いて、ニューヨークを連想する福岡の子どもは皆無だ。大人でもきっと9割はドーナツのほうを連想する。発売から40年近く経った今も、常に売り上げ上位を維持しているという大人気菓子パン。**パンというより、ねじって硬く揚げられた生地にチョコレートコーティングがなされたサクサクの食感が美味しいドーナツだ。**パッケージにアメリカ国旗が描かれているものの、れっきとした福岡生まれ。開発担当者がニューヨークのマンハッタンで見つけた商品を参考にしたため、そのままネーミングとして採用。それだけの理由で潔くこの名前がついたのだという。

このマンハッタンを作っているリョーユーパンの二大ロングセラーといえば、これと「ヤキリンゴ」。焼きりんご風味のバタークリームをサンドしたパンケーキなのだが、これにも根強いファンが多い。こちらにも同じ潔さを感じるのだが、焼きりんごは全く入っていない。

オキテ 42

モンブランと名がついているが、「ブラックモンブラン」はケーキじゃなくてアイスなのだ。

もう一つのローカルアイスに「あいすまんじゅう」がある。梅型のずんぐりしたバニラアイスの中心に粒あんが入っている。

オキテ 42 モンブランと名がついているが、「ブラックモンブラン」はケーキじゃなくてアイスなのだ。

「ブラックモンブラン」…黒い色のマロンクリームのケーキではない。高級ボールペンでもない。九州人なら正解率100%という、誰もが知る棒アイスの名称だ。

バニラアイスをチョコレートでくるみ、クランチをまぶしたお馴染みのこのアイス、**上京した福岡県人はこぞって「ブラックモンブランがない！」**と驚くという。そのとき初めて、全国区のアイスではないことを知るのだ。どのスーパーにも、どのコンビニにも必ず売っている超メジャー商品が、**まさかローカル限定だったなんて。しかもお隣の県、佐賀県のメーカー「竹下製菓」が作っていたなんて！**佐賀というのにも、軽く驚く。なぜならなんとなく全国じゃないなら福岡かな～なんてと思っている人が多いのだ。

オキテ 43

50円あれば お釣りがくる小倉名菓。

安いので、うっかり大量に買ってしまう。
袋の下のほうのパンがつぶれて変形したりするのも、いとおしい。

フワフワの生地に優しいホイップクリームが包まれた「オムレット」。これは、**小倉駅前にあるシロヤ**という店で売られている大人気商品だ。**一つ40円。これでも値上げをした価格。**小学生がお小遣いを握りしめて来る光景もお馴染みだし、おばちゃんたちが大量買いしていく光景も見慣れたもの。常にショーケースの前に人だかりができている、大人気店だ。

小倉出身者であれば、ここのお世話になっていない人はいないだろう。オムレット以外にも、フランスパン生地に練乳が入った「サニーパン」は90円、バームクーヘンも40円。**10個買ってもコインで支払える**、地元に愛され続けている名店だ。

▲「オムレット」一つ40円

▲小倉駅前にあるシロヤ。店内にはずらりとパンが並んでいる

オキテ 44

チロリアンの缶は裁縫セット入れになる。

バニラ、コーヒー、ストロベリーの3味だったが。昔はお歳暮にいただくと小躍りしてよろこんだものだ。最近は、八女玉露味も出ている。

県外の人には千鳥饅頭のほうが有名だが、千鳥屋の人気商品といえば**「チロ～リア～ン」**だ。サクサクのロールクッキーのなかに口どけの良いクリームを入れた美味しいお菓子だが、何より**高音で伸びるCMソングと、パッケージの愛らしさが福岡県人の心をつかんで離さない。**チロリアンを食べ終わった後の丸い缶は、一家に1つ必ずあるはず。ある家では裁縫道具入れになり、ある家ではペン立てになり。見慣れすぎていて、かわいらしさに気が付かないが、**よく見るとかなりかわいい。**県外の人が「なにこれ、すごくかわいい！」と言うのを聞いて、初めて「あ、ほんとだ」と気付くくらい、インテリアの一部と化している。しかしチロル地方在住の設定であるはずのキャラクターが皆、日焼けした小麦色の肌をしている理由はよくわからない。

▲「チロリアン」のパッケージはどれもかなりかわいい

▲千鳥屋「チロリアン」

オキテ 45

ひよ子は絶対福岡土産！

福岡限定桜ひよ子、なども販売されている。サービスエリアでの、ミニひよ子焼き立て実演販売も人気。

東京駅や羽田空港で「なんで福岡土産が売っとーと？」と思った県民多し。ひよ子が東京土産でもある、と知ったときの驚きと言ったら！堂々と福岡から、大きな箱のひよ子を手土産に持って行っていたのは何だったのか。逆に、東京の人がひよ子をお土産に持ってくる場面に遭遇した福岡県人も、かなりうろたえる。

福岡発祥のお菓子だが、東京での販売戦略が成功したこともあり、東京に工場を設立。その後、東京はグループ会社ではあるものの、別会社として分社したので、福岡と東京の二つ体制になったのだ。未だに混乱する人も多いが、**発祥はあくまで福岡県飯塚市。**ひよ子はやっぱり東京ではなく、福岡土産なのだ。絶対。東京からやってくる人は、手土産にひよ子を買ってこないように、細心の注意をしてほしい。

▲ひよ子本舗吉野堂「名菓 ひよ子」

オキテ 46

カナッペは、あの洒落たパーティー料理じゃない。

立ち寄ると、売り切れがしばしばある。「さっき40個買っていった人がいてね」など、みんな大量買いである。

北九州は、ラーメンと寿司を一緒に出す老舗食堂があったり、ぬかで魚を煮る文化があったりと、独特の食文化を持っている。特にじんだ煮と呼ばれるぬか炊きは、郷土料理としての地位を確立。小倉藩主小笠原公が好んで食べたことから庶民にも広がったらしいが、青魚をぬかで煮た料理は、ご飯が進む味わいだ。

そしてこの町の謎の名物といえば、**「カナッペ」**。クラッカーの上に生ハムやらスモークサーモンがのった、アレではない。名前からは全く予想できないのだが、**魚のすり身に玉ねぎなどの野菜を混ぜ、周りを食パンで巻いて揚げた、全くオリジナルの食べ物だ。**中身はいわゆるかまぼこの種。旦過市場の中で半世紀以上に亘って愛されている。

▲「カナッペ」

オキテ
47

久留米のホットドッグの中身はハム。

発祥は、久留米キムラヤであろう。基山PA（下り）にて販売されているが、レトロなプリントのハトロン紙に包まれていてシンプルな味わいだ。

アメリカ映画を見ていたら、誰もかれもがホットドッグを頬張っている場面があんなにも出てくるというのに、久留米市民はあれをホットドッグとは認識していない。だって久留米では、ホットドッグといえばハムだもの。

ソーセージもピクルスも入っていないのが久留米のホットドッグ。代わりに緑が赤いハムとコールスローのようなものが入っている。なんと戦後に登場したという非常に長い歴史を持っている。久留米市内の中学校でもこれが売られていたため、多くの市民にとって「懐かしい味」になった。真偽のほどはわからないが、創業者が「ホットドッグ」という名前だけを聞いて、暑がりの犬が舌を出す様を想像し、赤いハムをパンの切れ目からはみ出すことを思いついたのだとか。レトロなパッケージもかわいらしく、今なお人気商品の一つだ。

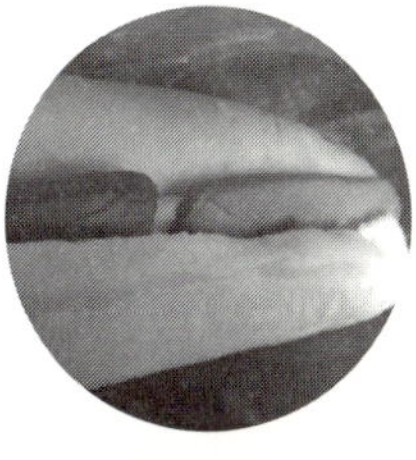

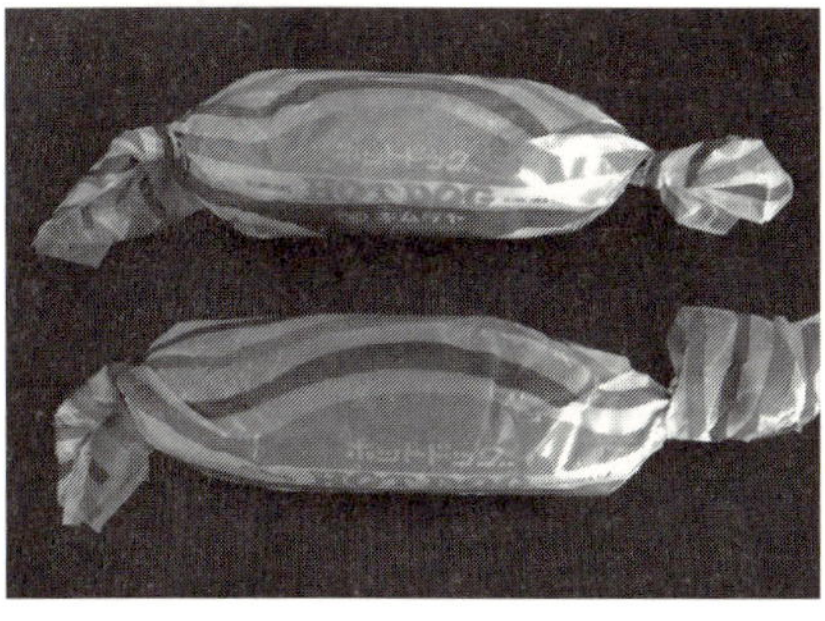

◀キムラヤの「ホットドッグ」はオレンジと緑のパッケージが目印

オキテ 48

コンビニで肉まんを買うと付いてくるのは酢醤油。

肉まんを割って、肉部分に酢醤油を流し込んだりして、しみこませて使うことが多い。

県外の人が福岡のコンビニで肉まんを買うと、一様に不思議な顔をする。逆も然り。福岡県人が本州のコンビニで肉まんを買うと、「なんで酢醤油じゃないと?」と不思議に思うらしい。

本州では一般的に小さい袋の黄色いカラシが付いてくるのだが、**福岡では酢醤油。最近では本州の文化が入り始めて、酢醤油とカラシを両方付けるところも出て来たようだが、酢醤油を付けてくれないことはありえない。**

そういえば、餃子に付けるのも柚子胡椒だし、福岡でカラシを付ける場面って極端に少ない気がする。唯一、おでん用にチューブ入りカラシを買ってはいるものの、おでんにも柚子胡椒をつけてしまう始末。たぶんカラシがなくても生きていけるはずだ。

そのままだと
肉まんの皮に
はじかれます。

わって、かけるのが
おすすめ。

オキテ49

安産祈願は宇美八幡宮。

福岡県にはお隣同士で「宇美町」と「志免町」という町があるが、これは神功皇后が三韓征伐の帰路で応神天皇を産んだから「宇美（産み）」町、おしめを取り換えたから「志免（紙目）」町という説がある。

そのあと手を洗ったから「御手洗八幡宮」とか、このあたりにはこのエピソードにちなんだ場所が多数ある。

そういった理由から、宇美八幡宮は当然安産の神様として、古来より信仰されている。境内には「子安の木」や「産湯の水」など、出産にまつわるものも多く、特に「子安の石」と呼ばれる石は、妊婦が出産前に持ち帰り、出産後に別の新しい石を添えて返すという風習が長く続けられている。

安産祈願とお礼参はどちらも、ここを訪れるのが一般的な福岡の習わしだ。

▲福岡県糟屋郡宇美町「宇美八幡宮」

▲境内にある「子安の石」

写真提供：宇美八幡宮

オキテ
50

繁華街・天神は神様の名前から。

水鏡天満宮横の路地は、おいしいお店がならんでいる。

今やデパートや商業施設が数多く立ち並び、九州一の繁華街となった福岡市・天神。天神と呼ばれるようになったのは江戸時代以降のこと。なぜ天神なのか？**天神というのは太宰府天満宮に祀られる菅原道真のことを指す。**平安時代、政敵の陰謀により京都から太宰府へ流された道真は、途中福岡に立ち寄る。その際、旅にやつれた姿を川面に映し、嘆き悲しんだと言われている。それが今の薬院のあたりだった。道真が亡くなった後、その魂を鎮めるためにその川のそばに「道真＝天神」を祀った社が建てられた。その後江戸時代になり黒田家が福岡城を築くと、城下町の守護神の一つとして天神社を現在のアクロス付近に移した。それ以来、天神エリアは天神町と呼ばれるようになった。現在もその場所には「水鏡天満宮」があり、菅原道真が鎮座している。天神には天神様がちゃんと祀られているのだ。

▲水鏡天満宮

オキテ 51

ルーズな博多時間に対し、三交代勤務で時間厳守の風土の北九州市民はまじムカついている。

集合時間になって家を出る、という猛者がいたものだ。宴会は30分遅れで開始は、普通だった。最近は、15分遅れ程度に縮まっているようだ。

博多（福岡市）には時間にルーズな人が多い。グループで待ち合わせをすると必ず一人や二人は遅れてやって来る人間がいる。**遅れた人間が「ごめん、ごめん、博多時間たい」と悪びれずにいうシーンをよく目にする。**「博多時間」と標準時にどのくらいの時差があるかは定かではないが、「博多時間」は遅刻の言い訳の切り札らしく、高確率で遅れてきた人は待たせた人たちに許される。

一方、小倉（北九州市）は勝手が違う。時間に正確だ。「小倉時間」はないのだ。むしろ、「小笠原流」で知られる小倉藩の城主は小笠原家。「小笠原流のなかに〝待ち合わせ〟の作法があるのかどうかはわからないが、博多と小倉の人が待ち合わせをすると、小倉っ子が待たされる可能性が高い。

「ごめん、博多時間たい」と笑う博多っ子に「ちゃんと時間通りに来いちゃ！」と内心は小倉っ子はむかついているのかも。

▲北九州市 小倉城　提供：北九州市

オキテ 52

博多の街は秀吉がつくった。

日本各地で戦乱が繰り返された戦国時代。九州も大名たちが勢力争いを続けていた。当時博多は商人たちによる自治区であり、貿易が盛んな港町として栄えていた。諸大名たちの争いに巻き込まれ、博多はたびたび戦火に見舞われることがあった。もっともひどく博多が焼かれたのは大友氏と島津氏の争いによるもの。天下統一を成し遂げた豊臣秀吉が、九州の平定に乗り出したことを聞き、島津は博多に火をつけて薩摩に帰還した。博多の町は一面焼け野原になり、消失した。博多の豪商たちは町の再建を秀吉に訴え、秀吉がこれを快諾。**現在の大博通りを起点に、新たな道や井戸などを築いた。「太閤町割」と呼ばれるものだ。**この時に生まれたのが「流」という町内の単位。現在、山笠を運営する組織の単位はここで生まれた。秀吉に感謝した商人の一人は、徳川が治める江戸時代になってもこっそり敷地内に社を設け、秀吉を祀った。明治維新後、豊国神社となり現在も残されている。

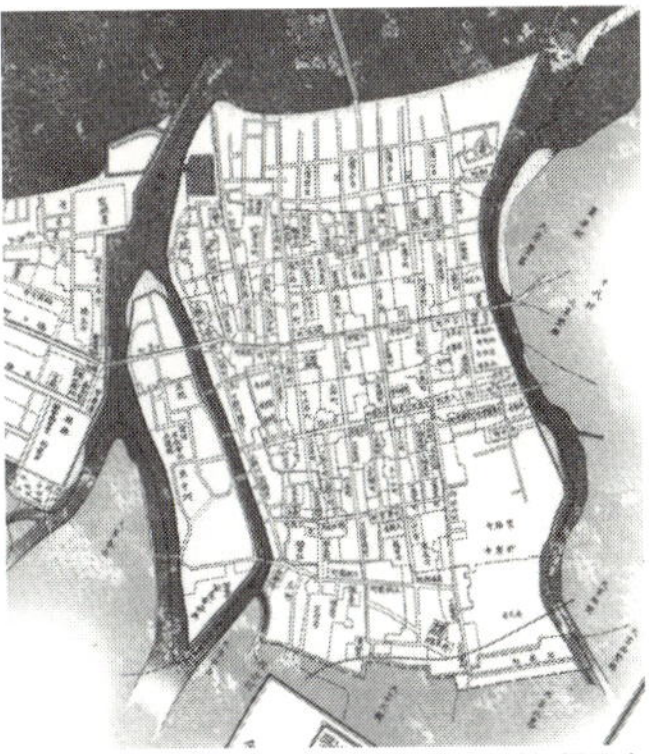
提供:福岡市

オキテ 53

世界遺産に申請中の島がある。

現在、福岡県がユネスコの世界文化遺産に推進しているのが、**宗像市にある「沖ノ島」**。中世から明治までは軍事拠点として利用されていたが、戦後の調査により、古代の祭礼の重要な場所であったことが分かった。また縄文時代、弥生時代の遺物が数万点出土したことから海の正倉院の異名を持つ。

島そのものが宗像大社のご神体とされ、自由に渡航することはできない。一年に一度、5月27日の日本海海戦の記念日のみ一般人も渡ることができる。ただし、女人禁制なので、女性はNG。しかも島に渡る人員は参加希望者のなかから厳正な抽選で選ばれた数百人のみ。**5月とはいえ、まだ海水は冷たいが必ず裸になり海で禊をすませてから上陸するのだという。**福岡でも「沖ノ島に渡ったことあるよ」という人になかなか出会えないのはこうした理由からだ。

オキテ 54

志賀島は島じゃない。

福岡市近郊で観光客に人気の２大島といえば、能古島と志賀島。姪浜から直線距離にして約２キロという、目と鼻の先にある能古島はわずか10分の船旅で訪れることできる「島」ということで、休日の人気スポットだ。一方の**志賀島はあの金印が見つかった場所**として一躍脚光を浴びた。こちらも博多埠頭から市営渡船でわずか30分足らずで行くことができるが、一番大きなポイントはこの志賀島、島じゃないということ。福岡県人はみんな知っているが、そこに疑問を持っていない。観光客を車で連れて行ったときに初めて、「島に車で行けるの!?」と聞かれて気付くくらいだ。厳密に言うと、海の中道と呼ばれるエリアと、砂州で陸続きになった**「陸繋島」**。世界の陸繋島というと、マカオやモンサンミッシェルなどが挙げられるが、実は全国的に見ても非常に珍しい形状だ。

金印ドッグなどからもわかる通り、島最大の押しはやはり「金印」なのだが、この陸繋島押しに変えたほうがいいんじゃないだろうか。

▲金印公園

▲志賀海神社

オキテ 55

北九州市出身者は出身地を聞かれると合併前の旧五市名で答える。

五市合併50年以上たつのに、いまだに、「北九州のどこ?」と必ず聞いてしまう。同じ若松出身だと、それだけで親せきのような気分だ。

平成の大合併で日本全国にたくさんの新しい市町村が誕生したのは記憶に新しいだろう。そんな市区の大合併を日本で先駆けておこなったのが北九州市だ。1963年に合併し、人口100万人を超える九州初の政令指定都市となった。**合併前は門司市、八幡市、小倉市、若松市、戸畑市の5つの市。**旧五市はそれぞれ小倉は城下町、八幡は製鉄工業で栄え、門司は港町として古い歴史を持つなどの地区も個性が強い。そこに暮らす人々も同じ北九州市民でありながら、それぞれ地元に誇りを持ち、気質も違うのだ。

だからだろうか、北九州っ子という言葉はなく、**50年経った今でも「小倉っ子」「門司っ子」など旧五市への帰属意識がかなり高い風土がある。**福岡市ももともと町人が住む「博多」と武士のまち「福岡」の双子都市。1000年続く博多っ子のプライドは高く、「福岡っ子」という概念は薄い。

▲門司港周辺の夜景

オキテ 56

小倉駅には某ハリウッド俳優のような場所がある。

ぷらっとぴっとは、思いのほか浸透していない。
あまり有名になると、訴えられたりしてはいかんからね。
かしわうどんは変わらずおいしい。

JR小倉駅構内には「ぷらっとぴっと」というショップがある。ハリウッドスターを連想させるこの店は立ち食いでうどんが味わえる店だ。

名物は「かしわうどん」。甘めに煮込まれた鶏肉が乗ったふわふわ麺のうどんで、小倉の人々のソウルフードの一つだ。サイドメニューのかしわおにぎりをオーダーして、ダブルかしわで楽しむのもおすすめ。名前の由来は不明だが、〝プラット〟ホームにある「ピット」（F1レースなどの燃料補給所）という意味と、ブラッドピットに引っ掛けたユーモアなのであろう。ネーミングが話題を呼んで、全国区のテレビ番組やグルメマンガなどにも登場したことがある。世界的大スターに似た名前をもちながら、通勤、通学、旅行者などが気軽に立ち寄れる小倉の隠れたグルメスポットなのだ。

▲JR小倉駅構内「ぷらっとぴっと」

オキテ57

小倉に24時間営業発祥のお店（スーパー丸和）がある。

いまや街中にあふれるコンビニエンスストアに代表される24時間営業のお店。**先駆けて24時間営業をスタートしたのは小倉に本店がある「スーパー丸和」だ。**「ま〜るいわ、うれしいわ、心はたのしいわ〜、丸和」のテレビCMは北九州市民には懐かしいフレーズであろう。丸和は1979年より小倉の台所・旦過市場の北側の入り口にある小倉店が24時間で営業を開始。夜中でも煌々と光る看板で、多くの買い物客でにぎわった。ちなみにお客が商品を選んで自分でレジに持って行き清算するいわゆる欧米型のスーパーマーケットスタイルを日本で初めて導入したのもこの店だ。現在も小倉店は24時間営業を続けている。

オキテ 58

大濠公園のボートに乗ったカップルは別れる。

各地の都市伝説に「○○池のボートに乗ったら別れる」というのがあるが、ここ福岡では昔から大濠公園と言われている。理由は簡単。一番多くカップルが訪れる、定番デートスポットだからだ。**結ばれるカップルも多ければ別れるカップルも多い**のだろう。アラフォー以上の人は、大濠に噴水があったことを記憶しているかもしれない。とにかく長きに亘って福岡のランドマークであることは間違いない。2013年には老朽化によってボートハウスが改修工事に入った。このボートハウス2階にあるレストラン「花の木」はマリリンモンローが新婚旅行で訪れた際に味わったメニューが楽しめるフランス料理店だ。時代を超えて、カップルたちの聖地であり続けている。

オキテ
59

手りゅう弾を見つけたら10万円もらえる。

住宅地の倉庫から、ロケット砲も出てきた。その報道に驚かない北九州市民がすごい。

他県の方々が聞くと驚愕だと思うが、福岡では常識。福岡県警の公式ホームページにも記載されている。**その名も「手りゅう弾110番報奨制度」だ。通報者の情報によって、手りゅう弾が発見・押収され、被疑者が逮捕された場合、10万円が報奨金として通報者に支払われる。**平成23年に北九州市を中心に手りゅう弾が相次いで発見される事件が発生したことに端を発する。当然だがもともと手りゅう弾の所持は福岡でも禁止されている。しかし、こうした手りゅう弾関連の事件が多発したことを重く見て、福岡県では独自に迷惑防止条例が改正された。それによると本物の手りゅう弾だけでなく、模造品の手りゅう弾でも意図的に公共の場所などに置くことは禁じられ、罰則が設けられた。

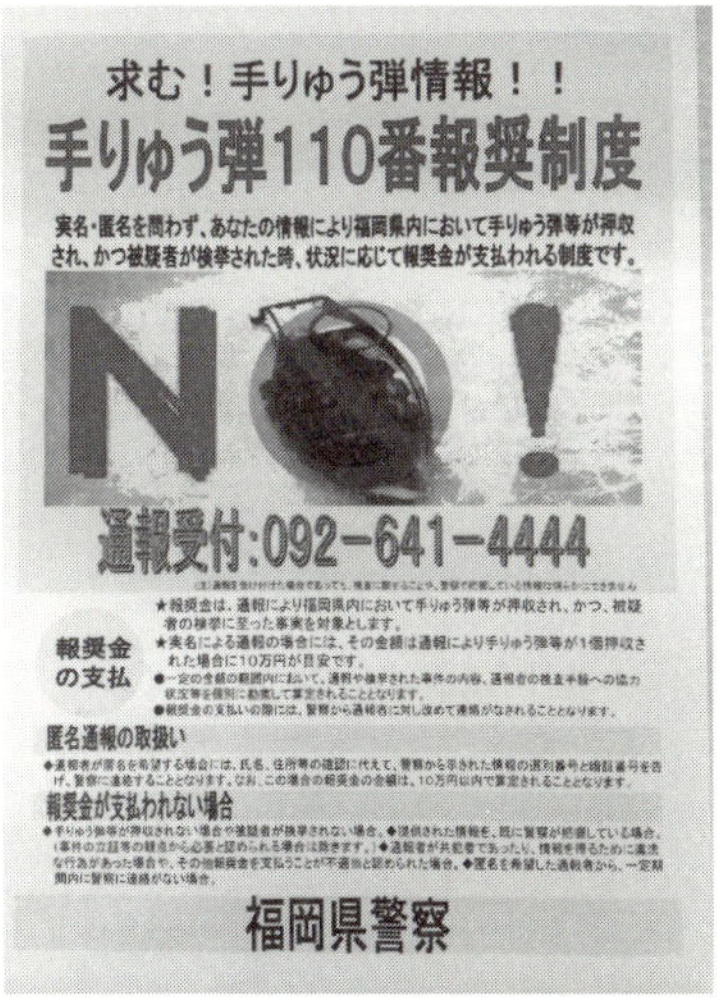

オキテ60

福岡市では真夜中にゴミ収集をする。

福岡市の人が市外に出て、もっとも不便に感じるのが「朝、ゴミ出しをしなくてはいけないこと」らしい。福岡市では深夜に収集されるため、夜8～9時くらいにゴミを出すのが普通。早起きしなくていいため、転入してきた主婦や学生に大歓迎される。夜のゴミ出しは、

1　交通渋滞に巻き込まれることなく効率的に回収できる
2　カラスの被害に遭わない
3　夜間パトロールの代わりにもなる

と、いいこと尽くしだ。「朝寝坊して出し忘れた！」という事態を防げるのが何よりいい。考える限りデメリットを見つけられないので、他の自治体でも実施すればいいのに…と勝手ながら思う。

もちろん、ホームドラマなどで「あなた、ゴミお願い～」なんていう場面を見ても全くピンとこない。ついでに言うと、ゴミは各自の家の前に置いておく「戸別収集」が主流なので、ゴミ収集所があること自体ピンとこない。「朝、出勤途中にゴミ出しをする」という行為が、隅から隅まで理解できないのだ。

オキテ
61

セレブおばさま御用達、レイメイとボンラパス。

レイメイ

ボンラパス

レースとか金の刺繍とかベルベットのような、なんとなくキラキラフカフカピカピカした衣料品を身に付けているきれいなおばさまを見かけたら、レイメイファンだと判断したい。新天町という福岡随一の人気商店街に本店があり、市内に複数店舗展開している。**「舶来品のレイメイ」**という名前からも想像できる通り、欧州のレース細工や花柄の食器、華やかなエプロン、陶器の人形…と、とにかく乙女心を持った淑女たちの心を掴むかわいらしいアイテムが満載だ。もちろん舶来品だけあって高級なので、レイメイのバッグを持っているだけで福岡のおばさまワールドではかなり一目置かれる。

そんな奥様がたが行くスーパーはといえば、**「ボンラパス」**だ。冷凍コーナーにはエスカルゴ、鮮魚コーナーにあわびが並ぶという、わかりやすい高級スーパー。日本全国の名菓が売られていたり、ドレッシングも普段とは違う種類のものが揃っていたりするので、一般庶民もたまには訪れる。しかし、いつもの安売りスーパーとは雰囲気がなんとなく違い、スーパーでありながら背筋が伸びる。ジャージにクロックスでは行きにくいセレブスーパーだ。

オキテ 62

宗像は福岡エリアか北九州エリアか悩む。

福岡市の人と北九州市の人々は、同じ県内出身者であるにも関わらず、お互いにかなりライバル意識が強い。ライバル意識…という言葉は語弊があるかもしれない。それぞれが、**自分はあちらとは違う、という意識が強いのだ。**なので、**他県の人に「北九州出身」と言って「じゃあ博多弁喋ってみてよ〜」と言われても頑なに断る。**そもそも言葉も違いすぎるので、話そうにも話せないのだ。お互いに。

やっかいなのは、この両市の間にあるエリア。中間市、水巻町、芦屋町、遠賀町…あたりはすんなり自分たちが北九州文化圏だと認めている。逆に、新宮市、古賀市、福津市、宮若市…の辺も、福岡文化圏だと自覚済み。**悩むのは宗像市、岡垣町、鞍手町、直方市あたりの皆さんだ。**距離的には北九州のほうが近く、そもそもは北九州のベッドタウンとして発展してきたエリアなのだが、近年福岡にもアクセスが良くなってきたことから、福岡エリアへの帰属意識も強くなってきた。北九州の悪口を言われても、福岡の悪口を言われても、どっちにも過敏に反応してしまうという、悩み多き地帯だ。

オキテ 63

マンガ博物館は公営マンガ喫茶と呼ばれている。

北九州市の小倉駅すぐそばにできた「北九州市漫画ミュージアム」は、巨匠・松本零士が名誉館長を務める、北九州市立の公営施設だ。**入館料400円を払えばなんと5万冊もの漫画が読み放題という大変太っ腹なミュージアム。**さらに年間パスポート（大人2000円、中高生1500円、小学生1000円）を払うと、一年間読み放題という、漫画好きには夢のような空間だ。エントランスではメーテルとキャプテンハーロックがお出迎えしてくれ、館内では実際の漫画家の仕事机を見たり、プロの作画教室があったりと至れり尽くせり。こんなに素晴らしい施設が駅前にできちゃうと、北九州の他の漫画喫茶たちが困るのでは？と思うのだが、そこは飲食ができない等のデメリットもあるため、住み分けがきちんとできている。

▲北九州市の小倉駅すぐそば「漫画ミュージアム」の様子

オキテ 64

福岡市内には観光スポットがほとんどない。

県外の人を福岡に招いたときに、福岡県人（特に福岡市民）が一番悩むのは、「どこに連れて行こう？」ということ。紹介したい食べ物には事欠かないが、観光スポットというのが意外にも少ない。東京でいうスカイツリーや大阪の通天閣を真似て、福岡タワーという手もあるのだが、福岡タワーはどちらかというと観光客よりも福岡県人のデートスポットとしてのほうに需要があるような気がする。福岡市を出ると、太宰府天満宮や柳川の川下りといった「ザ・観光地」がしっかりあるのだが、「飛行機の時間まで2時間を潰す観光スポット」にいつも悩まされるのだ。最近では明太子のふくやが「博多の食と文化の博物館・ハクハク」というちょっと面白いものを作ったりもしているので、新たな観光スポットも増えてきているのかもしれない。

▲「博多の食と文化の博物館・ハクハク」

オキテ 65

応援しあう、IMSとソラリア。

天神のど真ん中を走る渡辺通を間にはさんで向かい合う商業ビル「天神IMS」と「ソラリアプラザ」。商品構成から客層の似ている二つの施設は集客を競う、いわばライバルだ。どちらも1989年に誕生し、福岡のファッショニスタたちに支持されてきた。両ビルでは生誕20周年にあたる2009年より、向いのビルの壁面でお互いの健闘を称えるエールの交換が毎年春におこなわれている。**ソラリアプラザはIMS側に、IMSはソラリア側の外壁に「最大の敵で無二の友よ、これからもお互いに力の限り戦いましょう」といった大型の垂れ幕が掲げられるのだ。**運営会社が違う2つのビルだが、福岡の商業地・天神の活性化を目指しがっちりとタッグを組むコラボレーション広告に福岡人の粋を感じる。

オキテ 66

あの私鉄は頑なに福岡県内しか走らない。

県南部に住む人には、鉄道で北上するためにJRとN鉄の2つ選択肢がある。どちらもほぼ同エリアを通っているのだが、重要なのは到着地。**JRは博多駅を通り、N鉄は福岡(天神)駅に終着する**のだ。これが路線を選ぶ大きな理由の一つになる。**九州一の繁華街、天神に出たければ博多駅から地下鉄に乗るよりも、N鉄で天神まで一気に出たほうが早い**のだ。

そしてN鉄で気をつけなくてはいけないのは、「必ず福岡県内しか走らない」ということ。福岡から久留米までの地図を見るとわかる通り、直線で結ぶと佐賀県鳥栖市が間に入ってくる。JRは当然、博多〜鳥栖〜久留米と最短距離で結んでいるのだが、N鉄は前述のルールがあるため、わざわざ鳥栖を外し、隣の小郡市を通している。福岡県民の福岡県民による、福岡県民のためのN鉄は、ルールを絶対遵守するのだ。

▲福岡(天神)駅

オキテ 67

天神ではバスが20台連なることも珍しくない。

歩くのが嫌いなため近距離でも気楽に乗れるように100円バスというチョイ乗り路線がある。

約1800台あまりを保有しているN社のおかげで、間違いなく人口比に照らし合わせると日本一バスの台数が多い街といえる福岡市。天神などの中心地では一番左のレーンはバス専用となっており、市内中心部に行けばいくほど、そのレーンがひたすらバスで詰まっている。バスセンターがある渡辺通4丁目あたり、また博多駅界隈は特に多く、**時間帯によっては一度に20台ものバスが連なることも。大通りを見渡してバスが一台も見えない、ということはほぼない。**だからといって、待たずにどんどんバスが来るわけではなく、同じ行先のバスが3台くらい連なって一気に来たりするのも、福岡スタイル。それを逃すと10分くらい待たなくてはいけない。

尚、これほどバスが多いから自家用車が少なくみんなバスを利用しているのかといえば、そうでもない。結果的にバスも車も多いため、万年渋滞が起こっている。

▲連なって走るバス。福岡市内ではよく見かける光景

オキテ 68

タクシーに乗ると必ずホークスの現在の点数勝敗を教えてくれる。

セリーグの勝敗を福岡で耳にしたことがない。
順位も、パリーグのことだけしか気にしてない。

野球の試合が行われている時間に、ラジオを野球中継に合わせていないタクシーは皆無と言っていいだろう。乗った瞬間に、「2対3、ホークスリードです」と聞いてもいないのに必ずアナウンスしてくれる。しかも乗っている間中、「さっき松中が打ちましてね」とか「2回裏がすごかったんですよ」と**回想実況も始まる。**

野球に興味がない人はそのまま相槌を打ちつつ、聞き流すのが得策。**下手に突っ込んだり、話を振ると、際限なくマニアックな話に引きずり込まれるので要注意だ。**

もう一つ、ホークス以外の他球団ファンも要注意。ライオンズファンだけは未だに許されているが（というか50代以上の人は未だにライオンズファンが多い）、それ以外の球団のファンは口を閉ざしておくことをお勧めする。

オキテ
69

300円で新幹線に乗れる。

博多が始発のはずなのに、すでにお客さんが座っていたり、
博多が終点なのに、
そこから乗ってくるお客さんがいてちょっと驚く。

山陽新幹線の終着駅は博多駅ではない。もう一つ先にある、博多南駅である。 博多と博多南の間の運賃は３００円、時間にして約10分。博多南駅がある那珂川町は近年福岡のベッドタウンとしても人気上昇中のため、この新幹線を利用して博多へ通勤・通学する人も増えている。毎日、新幹線で通勤なんてなんだか贅沢だ。しかも、博多南からの新幹線は一駅のみの博多駅までの運行なので、乗り過ごす心配もなし。

ちなみに博多南駅がある地域は那珂川町。**博多区どころか福岡市ですらないが、「博多南」と言い切っている。** ＪＲに南福岡という駅があるので、混同しやすい。さらにちなみに「福岡駅」は福岡県ではなく富山県にあるので、これも「福岡初心者」には要注意事項だ。

▲博多南駅

オキテ 70

バスの行先表示にハングルが現れる。

天神地下街というショッピング街の開業当時のアナウンスは、日本語、英語、フランス語、という謎のラインナップだった。

オキテ 70 バスの行先表示にハングルが現れる。

福岡に来た県外の人が、一番に驚くのはバスの行先表示電光板。**博多港ターミナル行きのバスなどは、日本語、英語、韓国語、中国語が順番に表示され、もちろん車内アナウンスも４カ国語。**バス車内で韓国語を聞く機会が少ないエリアから来た人たちは、はじめ驚くだろう。

福岡市内の標識や看板などにもハングル表記は多く、少なくとも福岡市にいる限りだと、英語よりも断然中国語＆韓国語に触れる機会が多い。

北天神の中心地、日銀の前がアジアからのツアー客の集合場所になっているらしく、夕方になると他言語が行き交い、アジアのメルティングスポットとなる。福岡市役所前の電器店や北天神の１００円ショップは、大人気の御土産買いエリア。時間帯によっては日本人よりアジア人のほうが多いくらいだ。

オキテ 71

車のお祓いは宗像大社。

車のお祓いは宗像大社。

めちゃくちゃ良く言うと「大胆な運転」で有名な福岡県民だが、運転中は信心深さを忘れるくせに、運転前にはものすごく用心深い。運転免許を取得したときや、新車を買ったときに行くのは、宗像大社だ。なんと昭和38年に、全国に先駆けて車に装着する自動車専用の「お守り」を誕生させたのが、いわゆる官幣大社であるこちらの宗像大社。全国に7000余りあるという宗像神社の総本山であり、全国の弁天様の総本宮という位の高い神社だ。

古代から大陸と日本をつなぐ海上路にあることから、海上・交通安全の神として信仰されてきた。**今でも、福岡県内を走る車を見ると、多くの車体に宗像大社のステッカーが貼られ、車内にお守りが下がっているのを見ることができる。**しかしステッカーを貼っていながら黄色信号で突っ込む車が多いのも確か。お祓いよりも、お守りよりも、心と時間の余裕が大事ですよー！

▲宗像大社のステッカー

オキテ 72

筑後人は道に迷ったら、とりあえず3号線に出る。

たしかに、ナビをつけてないが、何とかなっている。

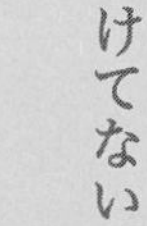

北九州から福岡までは東西に、福岡から筑後までは南北に走っている幹線道路が国道３号線だ。特に南北に走る３号線はＪＲと並行して主要都市を網羅しているため、この線を起点として道案内などをすることが多い。「３号線の○○交差点から右折してください」「３号線の○○付近にあります」という案内が多いからか、基本的に３号線沿いの交差点を把握してしまうのが福岡〜筑後間の住人の特徴。福岡〜久留米間は５号線（31号線）が並走しているので、こちらも主要道路になるが、久留米より南は完全に３号線至上主義になる。

道に迷ったら、とりあえず３号線に。北に行くべきか南に行くべきかだけを確認したら、あとは最寄の場所まで３号線が連れて行ってくれる。

基本、熊本くらいまでなら３号線さえあればナビがなくてもどうにかなると思っている筑後人は多い。

▲3号線さえ見つかれば、道に迷うことはない

オキテ 73

駅前に羽の生えた犬の像。

はいぬづかと読む。現在駅前から像は撤去※されている。

筑後市にあるJR鹿児島本線の駅「羽犬塚」駅前には、かなり風変りな像がある。駅名そのまんまの、**羽の生えた犬の銅像が建っているのだ。**忠犬ハチ公のようなキリッとした風貌ながら、その背には羽。漫画かアニメのキャラクターか?と思われがちだが、この「羽犬」には長い歴史と謂れがある。駅前の像に掲げられた案内文には「天正十五年（一五八七年）豊臣秀吉は九州進軍の折り、この地に於いて両翼の犬との死に出合い、その関りで弔に塚を建てた」と書かれている。なんと、秀吉公が作った塚なのだ。羽犬伝説には諸説あり、九州征伐をする秀吉の行く手を阻んだ獰猛な犬、という説もあれば、羽が生えたように飛び回るかわいい秀吉の愛犬、という真逆の説もあり。真相はわからないが、今では市のゆるキャラにまでなっている。

（※編注：市民の森公園に移設）

オキテ 74

筑豊ナンバー要注意。

黒塗りの久留米ナンバーだと、ちょっと緊張して車間をあける。コワモテの方ではと気をまわしてしまうのよ。

佐賀や大分、熊本など隣県に行くと「福岡ナンバーは運転が荒い」と言われることが多い。福岡市内を走っていると、「キタキュー（北九州）ナンバーは危ないっちゃん」と、揶揄する声も多く聞かれる。他県→福岡→北九州、とそのナンバーの安全性への信頼が薄れていくようなのだが、その誰もが満場一致で、**納得の要注意ナンバーが、「筑豊ナンバー」だ。**県外の人はこのナンバーを見たら細心の注意をしたほうがいい。信号が黄色になると、ブレーキではなくてアクセルに足をかける率100％のナンバーだ。しかしこれは、「福岡＆北九州市内を走る筑豊ナンバー」に限った話。実際、筑豊で走っているのは穏やかな運転の方ばかりなのでご安心を。

オキテ 75

博多駅はクロワッサンの香り。

ミニクロワッサンのお店はほかにもあるのだが。博多駅の店だけは常に行列ができているのが不思議だったが。そうか、香りか。

昔は、博多駅のホームにはとんこつの香りが漂っていた。駅ホームの立ち食いラーメンの香りだ。今、博多駅に降り立つと、ものすごくバター濃厚なクロワッサンの香りに気付くだろう。新幹線ホームではない。在来線のほうだ。

中央改札口を出ると、その正体がわかる。**ミニクロワッサンのお店がコンコースの中央にあるのだ。**これが原因だとは思うものの、店付近よりも断然、店から遠く離れたホームのほうが香りが強い。きっとダクトの関係だろう。**学校帰り、勤務帰りの空腹時にホームで漂うあの香りは拷問だ。**いつしか、他の場所であの香りを嗅いでも、博多駅を思い出す…というパブロフの犬状態に陥る。

栄枯盛衰、博多駅のシンボリックな香りは、ラーメンからクロワッサンに完全にバトンタッチしている。

▲コンコースの中央にあるミニクロワッサンのお店

オキテ 76

チャリ・エンジェルズの活動はおっさんが代行。

天神地区ではすっかり影をひそめた違法駐輪だが。
不況の影響で、いまは中洲が自転車の違法駐輪が増加中らしい。
つまりホステスさんが不況のため、
タクシーを利用せずチャリ通勤しているからだって。
チャリホステスをチャリ・エンジェルズがとりしまるのを見てみたい。

かつて違法駐輪全国ワーストワンだった福岡市。その撲滅のために立ち上がったのが、チャーリーズ…じゃない、**チャリ・エンジェルズ**だ。福岡市の違法駐車ゼロを目指して、3人の姉妹（設定のタレントさん）たちが三色のウエアに身を包み、違法自転車にステッカーを貼ったり警告をするなど活動をしている。**「放置サイクル　ZERO宣言!」**というポスターを福岡市内でよく目にするが、**実際に町の隅々をパトロールしてくれているのは、エンジェルたちの手下なのだろうか、地味に頑張るおじさんたちだ。**福岡は坂が少なく、町がほどよく小さいためかとにかく自転車が多い。路地に入るとあちこちに路上駐輪を見かけるので、これを全て取り締まるのはさすがに人海戦術をかけないと難しいのだろう。

エンジェルやその他おじさまたちのおかげで、着実に違法駐輪が少なくなってきているのは確かだ。

▲天神の駐輪場そばにも大きなポスターが貼られている

オキテ 77

体育の時間、ヤーと言って座る。

止まるときは、5カウント。
それで育ったので、イチニサン、だと止まり切れずにこけちゃうよね。

日本各地で、体育の授業時間のみの独自ルールというのはあまたあるが、福岡で徹底してどの学校でも行われているのは、「ヤー!」だ。**「全員起立!」「ヤー!」「広がれ!」「ヤー!」と体育教師の号令が響くと生徒たちは無条件で、「ヤー!」と答える。**「立つ」「広がる」までは、まあなんとなく気合を入れるためなのかな?とわかるのだが、一番わからないのは、「座れ!」「ヤー!」だ。座るときには気合はいらないような気がするが、とにかく体育教師の号令は絶対のため、「ヤー!」は必須。ついでに、声が小さかったりするとやり直しまでさせられる可能性がある。

危険なのは、福岡から他県に転校した場合の子で、初めての体育の授業で「ヤ…」と声が出てしまったという切ない体験談も聞かれる。三つ子の魂百まで、だ。ちなみに、数字の号令を使うときも福岡県人は注意しなくてはいけない。通常、他県では「ぜんたーい、止まれ!」「イチ、ニ、サン!」と言って、サンに合わせて歩みを止める例が多いが、福岡はこのとき必ず、**「イチ、ニ、サン、シ、ゴ!」**と5まで言う。長いのだ。なぜだろう?

オキテ78

偏差値との出会いは「フクト」。

全国チェーンの塾が上陸して選択肢は増えたよね。

福岡県民が自分の偏差値を初めて知るのは、「フクト」だ。

残念ながら県外の人は見たことも聞いたこともない名前だと思うが、**福岡県民であれば保護者から現役の中学生まで、誰もが受けたことがあるテストの名前。**「明日フクトやー」「フクトでBやったー」という、暗号のような会話も中学生から聞くことができる。

実際にはフクトの偏差値は「Fスコア」と呼ばれ、フクト受験者（福岡県内のみ）全体に対する指標なので、県外などの超難関校に行く子にはあまり参考にならない。逆に、福岡県内の公立高校受験者には重要な指針となる。

とにかく、「偏差値」という大人っぽい単語を自分の日常生活で使えることに、まず大人の階段を一歩上がった気にさせられるのだ。

▲誰もが受けたことがあるテスト「フクト」。学校だけでなく、塾でも受ける機会が多い

オキテ 79

小学校の運動会で「酒は飲め飲め〜」と踊るロック黒田節。

福岡県の民謡といえば、黒田節。黒田二十四騎、黒田八虎の一人である母里太兵衛が日本号を福島正則から呑み獲ったという逸話を歌にした、豪放磊落な民謡なのだが、なんと福岡の小学生はこの民謡をロックっぽく変調したバージョンの歌で、踊る。運動会などでは定番の踊りだ。**「酒は飲め飲め〜」と小学生が躍る**のは、日本広しといえども、福岡くらいではないだろうか。教育的にはどうなんだろう？ちなみに黒田節はシャ乱Qのヒット作「ズルイ女」のカップリング曲としても収録されているらしい。彼らは関西出身なのだが、一説によるとボーカルのつんくが幼少期に黒田節で踊った記憶があったらしい。福岡県のみならず、ということだろうか。

オキテ 80

給食の定番メニュー・ムース。

たまごと砂糖とクリームでふんわり仕上げたフランスの伝統菓子「ムース」。ではなく、福岡でムースといえば給食で出されるデザートの方が知られている。プラスチック容器に入った**ミルクプリンを凍らせたようなもの**で、給食の時間にはミルメーク（牛乳に入れる粉末コーヒー牛乳の素）と並ぶ、子どもたちを魅了するキラーアイテムだ。最近、福岡発祥の食品会社ロイヤル（ロイヤルホストを運営するグループ）から一般向けに販売され、コンビニのアイスクリームの棚にも並ぶようになった。こちらはカップではなくスティックタイプ。再現度の感想はそれぞれだろうが、現在、アレルギーなどの観点から県内でも給食メニューから外している学校もある。福岡以外の土地の方の感想が聞きたい。

オキテ81

何歳になっても出身中学がベース。

初対面でも必ず聞くのは「どこ中？」。
たまたま同じ中学や近所だったら盛り上がるのよね。
福岡地区は、百道中学、修猷館がエリートコースだった。

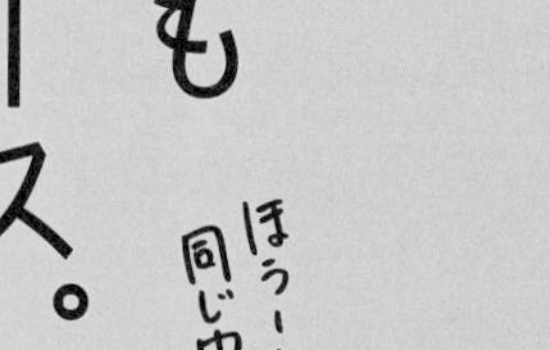

福岡出身者は何歳になっても、同郷の人に会うと出身中学校を聞く。「どこ中?」というのが、挨拶の一部なのだ。

高校生同士が聞くならわかる。大学生になっていても、まぁわかる。しかし60代70代の会社のおエライ方々が、名刺交換などのあとに出身地が近いことを知ったときも、すかさず聞くのが**「どちらの中学ですか?」**なのだ。これはおそらく福岡限定。なぜなのだろう?ちなみに名門と呼ばれるのは「博多二中」だそう。古くから商人の街であった博多エリア。戦前から戦後にかけては天神より栄えており、博多二中はその中心地にあった。老舗の商売人の子息が多く通っており、どの生徒もいわば各店の看板=博多っ子のプライドを背負って登校していたため生え抜きの博多のエリートの学校と言われていたのだ。1983年に博多二中は統合され、博多中学となった。ちなみに、当時は博多二中から福岡高校へ進学するのが博多のエリートコースであった。

▲博多中学校

オキテ 82

福岡県出身芸能人に大物が多いことが自慢。

福岡県出身とひとまとめになってはいるが、ご当地ではさらに細分化される。

実は、福岡市内か、そうでないか、もポイントとなる。

松田聖子さんも福岡県の自慢ではあるが、福岡で話題にするときは、久留米出身、とはっきり区別されるのだ。

福岡県出身の芸能人は、多い。しかも、タモリさん、小松政夫さん、高倉健さん、井上陽水さん、郷ひろみさん、松田聖子さん、チェッカーズ…と、**大物芸能人が多いことが福岡県人の自慢だ。**演歌界の大御所・大川栄策さんや、宝塚が生んだ大物女優・黒木瞳さんなどに至っては、出身地の地名を芸名にするほどの愛郷心。このほかにも浜崎あゆみさん、蒼井優さん、田中麗奈さん、吉瀬美智子さん、椎名林檎さん…と美女も多い。とにかく枚挙に暇がないとはこのことで、本当に挙げるとキリがないほどいるのだ。南区の高宮中学校なんて普通の公立中学なのに、タモリさん、高橋真梨子さん、森口博子さん、氷川きよしさん、博多華丸さん…とメジャー級OBがわんさかいる。

もともと「どんたく」という人前で芸を披露する祭りがあることからもわかる通り、**目立ちたがり屋が多い県民性ではある。**芸能人が生まれやすい環境とはいえ、全国的に見ても多すぎる。そして芸能人大好きな福岡県人はそれが最大の自慢なのだ。

オキテ 83

「山笠のあるけん」と聞いたら必ず「博多たい」と返ってくる。

忍者の合言葉のように、高確率で博多っ子（福岡市出身）を見分けるマジックワードがある。それが「山笠のあるけん、博多たい」。**「山笠のあるけん？」と問えば、福岡市出身者であれば、ほとんどが「博多たい！」と答えてくれるはずだ。**博多っ子が山笠を街の誇りにしていることはもちろんだが、**実はお菓子のテレビCMで使われていたフレーズでもある。**40代以上なら、覚えている人も多いはず。櫛田神社をバック「博多には安泰を祈る縁起かつぎやしきたりが今も息づいている～」というナレーションから始まり、商品名の紹介のあと、「山笠のあるけん、博多たい！」という威勢のよい男性の声でCMは終了する。

気になる商品は現在なくなってしまったお菓子の欧州という会社が販売していたその名もずばり「博多山笠」というお菓子だ。1970～80年代に流されており、ちょうど夕方のアニメの再放送やローカルニュースの合間に流れていたことから、地元に広く浸透したと思われる。ちなみにCMによると粒餡をフレッシュバターで包んだ粋な味だったらしい。

オキテ 84

「アイラーブ」といえば、眼鏡！

金色のビルＩＭＳは、イムズと読む。
県外の人と待ち合わせする時に、ＩＭＳを読めないので注意すべし。
ちなみにＩＭＳの金色のタイルは、有田焼の特注品。

福岡県民が歌えるローカルCMソングがいくつかある。その代表格の一つが「天神愛眼グループ」のもの。「アイラ～ブ」という高いキーのフレーズから始まる福岡ではとても有名な歌なのだが、実は歌詞が最近になって変更になったのをご存知だろうか。以前までは**「アイラ～ブ、ラブ愛眼。目とメガネとコンタクト。愛眼ビルは瞳のデパート」**だった。しかし現在は**「アイラ～ブ、天神愛眼。メガネを求めて福岡へ、お越しになります。夢のレンズ～」**と歌われるようになった。平成バージョンもずいぶん浸透してきた。昭和と平成世代で記憶のなかの愛眼のCMソングの歌詞ががらりと違う。これも老舗CMならではの事情であろう。「天神愛眼」本店は福岡市民にはおなじみで、黄色いビル。隣にIMSができるまでは待ち合わせの場所としても知られていた。IMS完成の際に黄色からIMSと同じテーマカラーの金色に塗り替える計画があったのだとか。IMS側から、やんわりと止めてほしいとお願いされ、現在も黄色にそびえているのだとか。

天神愛眼ビル外観

オキテ 85

あの有名歌手（長渕剛）が霊園を歌っている。

おお、霊園の歌は知っていたが、長渕さんが歌っていたとは、知らなかったよ。

この方面のＣＭはディープなものがあり、「まだまだ行かない天国にゃ～」とみっちゃん91歳が歌って踊る、福岡の葬儀社「天国社」のものがあった。

「のっきんおんへぶんずどあ」というタイトルでフルコーラスのＣＤが販売されている。

道路を走るオートバイの青年とおぼしき人物のバックには**「持っていますか〜心の安らぎ、新宮霊〜園♪」**という歌声。**福岡県民ならおなじみのテレビCMのフレーズだろう。**画面をよく見ると、その隅に「歌・長渕剛」の文字が。ほかの地の人間が見れば「え、あの〜!?」という声が上がりそうだが、紛れもなくご本人なのだとか。

鹿児島出身で福岡の大学に通い伝説のライブハウス「照和」にも出演していた長渕氏。福岡との縁は深い。CM曲はよく聞くとまだ若い頃だとわかるだろう。デビュー間もない頃に手がけた曲らしく、新宮霊園の公式サイトには楽譜も掲載してあり、作詞作曲者は〝長淵剛〟と旧芸名が記されている。**まだ無名だった頃にオファーしたのだから、当時の新宮霊園の広告担当者はかなり見る目があったに違いない。**ご本人も覚えているらしくライブのMCでネタにしたとかしないとか。

オキテ 86

21時の時報は必ず福さ屋。「3・2・1、ぴしゃ」

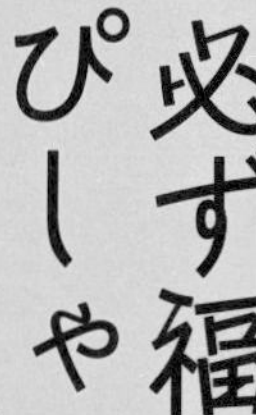

福岡県民の多くにとって午後9時を知る時報の合図は「3、2、1、ぴしゃ！」。これは**地元明太子メーカーの一つ「福さ屋」のCM**のひとコマ。おばあちゃんと、外国人のゆるくて不思議な掛け合いのCMといえば、福岡県民ならおなじみのはず。「オイシイデスカ〜？」「この美味さは食べんとわからん、わからん」「ぴしゃっと〝さ〟がついとう」というなぞのやり取りが印象的だ。実はいくつかのバージョンがあり、午後9時の時報バージョンは「ぴしゃっとまるさがついとう福さ屋が、これまたぴしゃっと9時をお知らせします、3、2、1、ぴしゃ！」だ。いわゆる若者たちの多くが視聴する「月9」ドラマの前にもこのCMが流れることも。甘い恋愛ドラマが始まる前にピリッと明太子で気分を引き締めるのが、福岡流なのだ。

オキテ
87

福岡はゴジラ・ガメラという二大怪獣に壊された。

日本の怪獣映画を代表する２大スターと言えば、ゴジラとガメラ。その２体ともが福岡の街にやってきた。１９９４年「ゴジラVSスペースゴジラ」では天神が芥塵と化し、翌年に開業を控えたアクロス福岡も破壊された（ちなみにその数年前にはゴジラのライバルでもあるキングギドラにも福岡は襲撃された）。何とその翌年１９９５年「ガメラ　空中大決戦」において、ガメラとギャオスという２体の怪獣が福岡を襲い、福岡ドーム上空で戦いを繰り広げた。思えば、１９５６年には空飛ぶ怪獣・ラドンが現れ、北九州・若戸大橋が壊され、戦争からようやく復興したばかりの天神は焼け野原にされた。江戸時代には20メートルほどの人魚が博多湾で発見され、博多区の竜宮寺という寺に骨が奉納されている。福岡と怪獣の縁は意外と古くからあるようだ。

オキテ 88

ホークスの歌をいまだに「ダイエー♪」と歌ってしまう。

1988年に福岡の地にやってきたホークス。西鉄ライオンズが去ってから10年、**久しぶりに地元球団が生まれた福岡県人の喜びは尋常ではなかった。**その後2005年にソフトバンクに譲渡されるが、それまで17年にも亘りこの地で語り続けられた「ダイエー」の功績は大きい。ソフトバンクに引き継がれたときに、**愛されてきた応援歌をそのまま引き継ぎ、**「ダイエー」の部分を「ソフトバンク」に変えただけだったこともあり、未だに居酒屋などでは勢いで「ダイエー♪」と歌ってしまう人も多い。何より、「ソフトバンクーホークスー♪」ってすごく言いにくい。

福岡ドーム（現・福岡ヤフオクドーム）ができた1993年から2012年までの20年間、主催試合の観客動員数はずっとパリーグ1位を守り続けている。年配の方には未だライオンズファンがいるのも確かだが、ダイエー、ソフトバンクと変遷してきたホークスは、もうすっかり福岡になくてはならない球団なのだ。

提供：福岡市　撮影者：Fumio Hashimoto

オキテ
89

山本といえば、華世さんだ。

華世さんに勇気を振り絞って尋ねたことがある。
「そのメッシュはおまじないですか？」。すると
「覚えてもらいたいから目立つために」と教えてくれたの。
もう１０００％知られているし十分目立ってますけど。

山本といえば、譲二、リンダ…あれ、あと誰だっけ？とメジャーな苗字であるにもかかわらず、あまり芸能人が思い浮かばないのが全国の反応だが、ここ福岡では違う。完全に、全員が、一人の名前を即座に頭に思い浮かべるのだ。**山本華世**。**「全国でほとんど知られておらず、福岡県人は全員知っている」という稀有な存在だ。**

テレビ、ラジオともに地域番組にはかなりな数出演しているローカルタレント。**一般的な福岡県人でも使わないレベルのディープな博多弁**が特徴の一つで、県外からの転勤者などはこの人の言葉で初めて知る博多弁も多い。そして、テレビ等に出演するときはほぼ**「Kayo」とどこかに書かれた服**を着ており、**髪の毛に太めのメッシュ**を入れるという個性的なファッションのため、**町中を歩いていてもかなり目立つ。**

県外転入者にはあまり知られていないが、昔、妊娠から出産までをそのままドキュメンタリーで放映し、出産シーンが無修正で放映されたという歴史がある。この作品はその後、保健体育の授業などでも使われたという。

オキテ 90

福岡3大DJはみんなサングラス。

福岡では、おすぎさんが日曜12時から5時間以上ラジオでしゃべってますよ。

福岡を代表するローカルなラジオDJは数多いるが、知名度で「3大」といえば、**ブッチさん、TOGGYさん、中島浩二さん**の御三方で異論ないであろう。この三人に共通するのがサングラス。なぜか全員サングラスをしている。ラジオって顔が見えないのでトレードマークとかいらないんじゃないかと思うのだが、この皆さんはたまにテレビでも拝見するので、必要なのかも。顔はそれぞれ似ていないものの、雰囲気というか低い声質がブッチさんとTOGGYさんは似ているので、なんとなく混同することもしばしば。ナカジーこと中島さんは、一人高めの声なので間違うことはない。とにかく、福岡に来ると朝昼晩のどこかでこの3人のうちの誰かの声がラジオから流れている。

オキテ 91

どんたくで雨が降ったら、その夏は水不足にならない。

福岡市は昔から水事情が悪く、水不足になることが多かった。特に夏の渇水は市民の死活問題。そんな事情からか、５月のＧＷに行われる市民の祭り「博多どんたく」の開催日の天候で、その夏の気候を占うようになったようだ。どんたくの開催は５月３日と４日。そのうちどちらかが雨ならば夏は水不足にならず、逆に快晴なら猛暑で渇水の可能性があるというもの。実際には**「どんたくに雨はつきもの」**と言われるほど雨に当たることが多い（ちなみに祭りは雨天決行）。なので、この言い伝えが本当なら、博多の夏が水不足になることは、なかなかないことになるのだが…。夏に雨が降らないと困るという博多っ子たちの願いが生み出したジンクスなのだろう。

オキテ 92

どんたくは「見る」のではなく「出る」。

どんたく見物の客数が数十万と発表されるが、福岡市民で知り合いが出ている人以外は、見に行くことはほとんどない。博多駅や福岡空港で乗降した人数をすべてどんたく見物客にカウントしているのではないか？と全員疑っている。

「芸どころ博多」という言葉があるように、昔から博多っ子には目立ちたがりやが多い。福岡出身のミュージシャンや俳優、タレントなどが多いのもこうした気質からかも知れない。そんな地元の人々が昔から心待ちにしているのが、**5月に開催される市民参加型のお祭り「博多どんたく」。**もともとは庶民が殿様のお城に参賀する行事だったものが、昭和になりいくつもの団体がそれぞれ工夫を凝らした衣装とパフォーマンスで街を練り歩く現在のパレードスタイルとなった。日本のGW期間中のイベントで最も多くの人々が集まる祭りとして知られているが、実は出場者の数も半端ではない。**一つの団体で数十名～数百名。**それが延々とパレードを続けるのだ。出たがり、目立ちたがりの博多っ子の面目躍如といえる。とはいえ、GW休暇を利用して、国内外に旅行に出かける福岡市民の方がどんたくに出場する以上に多いのは意外？

提供：福岡市
▲「博多どんたく港まつり」

オキテ
93

山笠を待つためにオールナイトが
映画館の始まった。

勇壮な博多の夏祭り**「博多祇園山笠」**。**最終日に行われる追山フィナーレはスタート地点の櫛田神社を夜明け前の午前4時59分にスタートし、ホテルオークラ福岡の前にあるゴール地点「廻り止」を目指す。**祭りのクライマックスを見ようと、櫛田神社の付近や中洲界隈でその始まりを待つ博多っ子も少なくない。戦後の娯楽の花形だった映画館がこの**「山笠待ち」**の人々に目を付けた。14日の夜から15日の明け方にかけての営業を昭和29年より開始。これが**日本初のオールナイト上映のはじまり**で、以降日本中に広がることになった。ちなみに当時、中洲には20近くの映画館があり、多くの客で溢れかえっていた。今や、中洲エリアにはたった1館を残すのみである。

▲夜の中洲周辺　提供：福岡市

オキテ
94

山笠は祭りだけど露店が出ない。

テレビでの生中継が行われ、地元の人々はもちろん観光客も見物に多く訪れる山笠だが、いわゆるお祭りやイベントの風情はあまり感じられない。分かりやすい例が露店。秋に行われる筥崎宮の放生会では食べ物やお化け屋敷、見せ物小屋など様々な露店がずらりと並ぶ。一方、山笠では櫛田神社の境内に一部出店はあるものの、**参道や街中に露店などはいっさい現れない。**大きな理由として**山笠は博多の人々にとって厳かな「神事」と位置づけられているから**だ。博多の街を清め、厄災を払う山笠。博多っ子は最敬礼を払っている。

7月1日〜15日の**山笠期間中にはキュウリを食べない**という風習もその一つ。**きゅうりの切り口と櫛田神社のご神紋が似ているのがその理由だ。**

▲山笠と違い、お化け屋敷、見せ物小屋など様々な露店がずらりと並ぶ放生会

オキテ 95

7月前半は長法被で
ホテルのロビーもOK。
中学校もお休み。

山笠期間中、法被を着て暮らしていたら、
その後ネクタイを締めるのが、つらいそうだ。

博多っ子にとって、山笠は大切な公式の行事だということがわかるエピソードをいくつか。山笠の法被には２種類あり、実際に山笠を曳く際に身に着ける**水法被**とそれ以外の行事などに参加する**長法被**だ。**法被は神事を行うためのいわばフォーマルウェア。**なので、期間中、山笠に参加する男衆はすべての行事に長法被で参加することが許される。**結婚式や企業のパーティなどの慶事はもちろん、お葬式にだって法被姿での参列ＯＫ。**一流のシティホテルのロビーなどで見かけることも珍しくない。観光客や福岡以外からの転勤族の目には違和感たっぷりなのだが博多っ子にはなんら普通の光景。むしろ、「ああ、そろそろ夏やなあ」くらいの風物詩なのだ。

博多山笠に参加するエリアにある小中学校は山笠が走る日はお休みになるのも毎年のこと。山笠を愛し、大切にするのはもはやＤＮＡレベルで刷り込まれているのだ。

オキテ
96

7月15日『0459』に合わせて、臨時列車が出る。

山笠が町をかきまわる期間中は、思わぬ渋滞や通行止めに出会うので、山笠のタイムスケジュールを知っておかねばならない。

山笠は参加する人々だけが熱くなるのではない。福岡市の多くの人々の魂に訴えかけるお祭りなのだ。祭りが行われる地域はオフィスや商店などが立ち並ぶ博多部エリア。最終日は夜明け前に七つの山笠が大通りや小路、直線、カーブと変化に富んだコースを走る。**最初の山笠がスタート地点の櫛田神社を出発するのは午前4時59分。**街は山笠優先なので、市内のあちこちが通行止めになり、車が近づくことはできない。そのため交通機関は臨時ダイヤでの運行が行われる。福岡市営地下鉄、JR、路線バス。あらゆる公共交通機関が山笠のスタート時間前に博多部へ到着するように各地から走り出す。山笠の最終日は曜日に関わらず、必ず7月15日に行われるため、フィナーレが平日になることは珍しくない。最終の山笠がゴール地点に到着するのは6時過ぎ。参加者も見物客もそのまま会社や学校に行くことができる。もちろん、その日の職場や学校の話題が山笠一色なのは言うまでもない。

▲櫛田神社

オキテ 97

盆踊りのかわりに盆にわか。

夏の風物詩「盆踊り」。実は福岡市内にはその風習が少ない。というのも、**盆踊りよりも別の楽しみがあったからだ。**それは「**博多にわか**」。博多にわかは、お土産として人気のにわかせんぺいのパッケージにも描かれているユニークな半面をつけて披露する伝統芸能だ。**博多弁で時事ネタなどに風刺を入れて笑いに変える粋な芸**で、江戸時代に黒田藩の推奨を得て、商人の若旦那衆を中心に大人気になった（もとは悪口祭という悪口を言い合うお祭りがもとだという説もある）。夏のお盆にはにわかの腕自慢が集まり、披露する舞台が設けられた。「盆にわか」と呼ばれ、町の人々に大いに受けたそうだ。この風習は今も受け継がれ、8月に市内のホールで開催される「盆にわか大会」に受け継がれている。

ちなみに、博多にわかはあくまで町人たちの芸であったため、その歴史上、ほとんどプロは存在しないのが特徴だ。

▲「博多にわか」の様子

オキテ98

人生初お化け屋敷は放生会だ。

新生姜が露店に並ぶのも名物の一つ。
昔、ご婦人は放生会に備え、着物を新調していたそうだよ。

京都や大分など、全国の八幡宮で行われる「放生会」。他地域では「ほうじょうえ」と読むが、**福岡市の筥崎宮で行われるものは「ほうじょうや」と言う。**本来は殺生を戒める宗教儀式だが、あまりにも市民に浸透しすぎていて、今では「お祭り」という要素も強い。筥崎宮の放生会は、全国一とも言われる露店の数で有名だが、加えて誰もが通る道がこちらの**お化け屋敷&見世物小屋。**このご時世に未だ見世物小屋って何があるんだ？と県外者は思われるだろうが、これが結構トラウマになるレベルの高さなのだ。

一番有名なのは蛇を飲みこむ「蛇女」だが、「生き物に感謝する」ための放生会でこれはどうなのだろうか…。**見世物小屋のオドロオドロシサとは逆に、お化け屋敷は拍子抜けするほどあっけない。**子どもでも泣かずに出てこられる安心感からか、ここが人生初お化け屋敷デビューという福岡県人は多い。

ちなみに、数量限定で販売される放生会のおはじきは毎年人気が高く、前夜から並んで買う人も多い。福岡では某リンゴマークPCの新製品よりもおはじきのために並ぶ人のほうが多いのだ。

オキテ
99

行列が嫌いな福岡県人が年に一度並ぶ福引がある。

やはり十日恵比須のにぎわいは福岡市が商人の町だからだろう。工業地帯で、製鉄所の盛んだった北九州市では、八幡製鉄(当時)の起業祭がにぎわっており、八幡の学校はこの日休みだったとか。

そして放生会のおはじきに引き続き、ものすごい行列ができるのが、1月10日の前後に行われる**「十日恵比須正月大祭」**の福引だ。福岡市東区にある十日恵比須神社で行われる、**商売繁盛を願う「正月大祭」**の目玉の一つでもあり、毎年1月8日～10日に開催される。この福引、**ハズレがなく、全員に福笹と共にそろばんや金蔵等縁起が良いものが当たるのが一番の人気の秘密。**この祭りのあとには、福引で当たった干支人形や福寄せなどを飾っている飲食店も多い。とにかく人気の福引だけに、境内には行列ができ、ひくまでには2～3時間かかることも。

また、この祭りで貸し出される（といってもお金は払うのだが…）「えびす銭」は、財布に入れていると縁起がいいと言われている。ただしこのえびす銭、あくまで神社から「借りているもの」なので、翌年のこの祭りで返すことを忘れずに！

▲十日恵比須正月大祭の福引きに並ぶ人々

オキテ
100

玉垂宮の「鬼夜」を見に行くと、火の粉をかぶってやけどする。

久留米市大善寺にある玉垂宮の鬼夜は毎年1月7日に行われる伝統行事。1600年余りも続く由緒正しい、国の重要無形民俗文化財指定の行事なのだが、なかなかこれが荒々しい。**日本一とも言われる大松明6本が一斉に燃え上がり、裸の男たちがこれを支え、火の粉をまき散らしながら本殿の周りを駆け回る。**全長13メートルもあるというとにかく大きな大松明なので、火もすごけりゃ、煙もすごい。その火の粉を全身に浴びながら白べこ（褌）一つで走り回る若者衆は勇敢だなぁ…と他人事のように見ていてはいけない。これ、見ている人もこの**火の粉を浴びると無病息災や家内安全に恵まれる**とあって、極寒の夜中にも関わらず、皆さん火の粉を浴びようと必死だ。当然、小さなやけどをする人も続出するはずだが、それすら開運の証し。自ら進んで火の粉を浴びに行く祭り、それが鬼夜だ。

▲久留米市大善寺 玉垂宮の「鬼夜」

九州のいいとこ、もっともっと掘り下げよう！

「九州の文化の振興と経済の発展に寄与する」ことを編集方針として、歴史や文化、食、観光、経済、貿易など多岐に亘る「九州の豊富な資源」を取り上げて毎号特集にしている文化情報誌。九州の人には、未だ知らなかった地元の新しい魅力や意外な歴史に気付き、さらにこの土地を愛していただけるように。九州以外の人には、さまざまな「資源」が詰まったポテンシャルの高い土地である九州へ興味を持ち、より積極的に訪れていただけるように。九州全体を盛り上げていきたいという願いを込めて、毎号斬新な切り口で編集しています。

また、九州がアジアの玄関口を目指すよう目はアジアにも向き、九州・アジア間の文化的・経済的交流や、アジア各国の情報も積極的に取り上げています。

トコ 監修

月刊九州王国編集部 著

執筆
上田瑞穂
屋成雄一郎

デザイン・DTP・カバーデザイン・イラスト
有馬沙里

福岡共和国のオキテ100カ条
～焼き鳥はキャベツの上に乗せるべし！～

2014年 7月20日　第1版・第1刷発行

監修者　トコ
著　者　月刊九州王国編集部（げっかんきゅうしゅうおうこくへんしゅうぶ）
発行者　メイツ出版株式会社
代表者　前田信二
〒102-0093 東京都千代田区平河町一丁目1-8
TEL：03-5276-3050（編集・営業）
03-5276-3052（注文専用）
FAX：03-5276-3105
印　刷　株式会社厚徳社

●定価はカバーに表示してあります。
ISBN978-4-7804-1477-6 C2039 Printed in Japan.

メイツ出版ホームページアドレス http://www.mates-publishing.co.jp/
編集長：大羽孝志　企画担当：大羽孝志　制作担当：堀明研斗